一代文学大家 姚雪垠

姚海天　蒋　晔◎编著

沈阳出版发行集团

沈阳出版社

图书在版编目（CIP）数据

一代文学大家姚雪垠 / 姚海天, 蒋晔编著. -- 沈阳：沈阳出版社，2018.5（2020.6重印）
ISBN 978-7-5441-9225-5

Ⅰ. ①一… Ⅱ. ①姚… ②蒋… Ⅲ. ①姚雪垠（1910-1999）—传记—青少年读物 Ⅳ. ①K825.6-49

中国版本图书馆 CIP 数据核字（2018）第073165号

出版发行：沈阳出版发行集团|沈阳出版社
　　　　　　（地址：沈阳市沈河区南翰林路10号　邮编：110011）
网　　　址：http://www.sycbs.com
印　　　刷：永清县晔盛亚胶印有限公司
幅面尺寸：145mm×210mm
印　　　张：11.625
字　　　数：226千字
出版时间：2018年5月第1版
印刷时间：2020年6月第3次印刷
责任编辑：沈晓辉　郑　丽
封面设计：杨　雪
封面题字：张志和
版式设计：冷志敏
责任校对：籍　莉
责任监印：杨　旭

书　　　号：ISBN 978-7-5441-9225-5
定　　　价：28.00元

联系电话：024-24112447　024-62564922
E - mail：sy24112447@163.com

本书若有印装质量问题，影响阅读，请与出版社联系调换。

一代文學大家

姚雪垠

張志和敬題

姚雪垠先生始终怀着对祖国对人民的深厚感情，始终为祖国的命运、社会的进步在思考在写作。他的所有作品，都是在这种感情支配下写出来的，因而都洋溢着爱国主义、英雄主义与乐观主义精神，都启迪思想，荡涤灵魂，催促着读者情感的澄滤与升华。

中　国　文　联　主　席　　　　　铁　凝
中国作家协会主席

我的三个座右铭

一、加强责任感，打破条件论，下苦功，抓今天。

二、耐得寂寞，勤学苦练。

三、艺术追求无止境，生前马拉松，死后马拉松。

——姚雪垠

序：天有大美 易有大恒

王超逸

20年前，姚雪垠先生离开了我们。这位历史老人，静静地卧在中华大地，凝视着人间。

2020年是姚雪垠诞辰110周年。《一代文学大家姚雪垠》一书决定再版。姚雪垠的哲嗣姚海天先生嘱我为该书写篇序，姚老是文学界、史学界前辈大家，藐予小子，何敢誉一言！

姚雪垠是座厚重的大山。我辈生也晚，几乎与姚老相距一个甲子，要为这样一位"两全"人物写序，我深感力有不逮，诚惶诚恐。

一

姚雪垠是座高山，无言而厚重。

关于姚雪垠的历史贡献与地位，前人已有不少精辟的论述，将"姚学"研究水平推向了一个时代的重要阶段。

而今，他已化作历史文化的符号，是个难以逾越的能量存在，同时也是个全球化普世性存在。他的经历、创作、理论乃至未完成的残缺和遗憾，他的曲折、探索、挫折、叹息、悲观、绝望、穷达，都界碑式地屹立并将延伸到遥远的未来。

考察中外历史，每当社会大变革、大动荡、大转型时期，往往是枭雄雕弓，豪雄勃起，历史嬗变，改朝换代的历史契机。而少数站在时代顶峰的历史人物，往往听风雨、览江山、顺天应时，在其心中勾画新的社会蓝图、政治理想、政治纲领、政权结构。在他们的大纛下，聚集一批政治精英、思想精英，谋略天下，架构理论，信仰一宗，志夺天下。

记得18世纪法国杰出的哲学家爱尔维修曾说，每一个社会时代都需要自己的伟大人物。如果没有这样的人物，它就要创造出这样的人物来。多少年后，马克思在《1848年至1850年的法兰西阶级斗争》一文中，几乎用同样的语言又重述了这一观点，表示对这位哲学家观点的完全赞同。（《马克思恩格斯选集》第一卷）

降生于中国辛亥年前一年的姚雪垠，正面临这样一个历史的关键点。历史的机缘摆在他面前的正是世界棋局中的一个空前的大舞台。姚雪垠由此登上了历史的主舞台，亲身参与了这一伟大历史进程的文化巨大变革。

这里，我要着重提到一桩历史传奇案，就是1924年冬到次年春少年姚雪垠在信阳求学的返乡途中，被土匪绑票，收为义子，经历了为时百天的绿林生活。我将之称为"百日绿林"。姚雪垠后来常说："这一段少年时期的绿林生活对我后半生的文学创作起了重要作用。它不仅使我写出了《长夜》，也对我写《李自成》很有帮助。"（姚雪垠《学习追求五十年》）

"百日绿林"事件，从后来对中国思想史、文化史的影响看，无论是姚雪垠本人，还是后来的研究学者、史学家、传记作者，对它的意义影响的深刻性、久远性都远远估计不足。最主要的影响是它为姚雪垠的血液注入了金石声、大丈夫气，或者换种说法是江湖气、"匪气"，使他原有的性格基因从此更加苍莽，更加粗犷，甚至粗糙起来，这恰恰是与时代精神合拍的，是他终身受用的。绿林逆取，武林会盟，绝处逢生，反败为胜，攻守易势，纵横捭阖，起承转合，合纵连横，伐谋伐交，摇曳生姿，这些"三教九流"的智慧都是铸造姚雪垠多重复杂性格的元素。

姚雪垠以长篇历史小说《李自成》奠定其在中国乃至世界现当代文学史、思想史上的不二地位。但是，姚雪垠的文学成就又不限于一部经典历史小说。他在抗战文学、文艺理论、明清史学、散文、古诗词、语言学、书法美学、艺术哲学诸多领域都有足堪为历史回望的业绩，可以说，姚雪垠是集小说家、文艺理论家、史学家、思想家为一身的文坛大家，茅盾先生誉之为"文坛飞将"，其实，若称之为"东方姚翁"或许更为切要。"翁"者：博爱、博大、施仁、布道、蔼然、长寿之谓也！

举凡诗史型巨作都是与巨人式作者不可分的。根据我多年的研究思考，我认为，作为一位巨人式文学大家，姚雪垠身上有着迥异常人的人格特征和思维特点，概略说来：

一、制高点运筹的战略级思维；

二、高度自信的霸气豪气；

三、文史哲通达的哲人睿智；

四、熔铸古今、会通中西的艺术哲学；

五、结撰枢机的超凡艺术；

六、志在超越的创新精神；

七、绝处逢生的超人胆识；

八、反抗绝望的顽强斗志；

九、瑰丽浪漫的诗人气质；

十、"马拉松"预言的高远境界。

一切的必然都寓于偶然，"这一个"姚雪垠包孕着繁复的已知和未知，为后来者对姚学的"接着讲"、"照着讲"、"对着讲"、"讲自己"标明了坐标。

二

时间是一切历史文明最终的裁判者。

有学者指出，考察一种社会政治制度、文化制度的先进文明与否，生命力如何，是以"世纪"的长度为时间单位的。也有学者指出，一种外来文化进入中国传统文化，从排拒、碰撞、选择到涵融，要历经三四百年时间方可完成。以姚雪垠发表处女作《两个孤坟》的1929

年为界，在他迈向文坛时，中国的新文化运动、新文学运动（以鲁迅发表《狂人日记》的1918年为起点）已走过了近二十年的历程。如果说以鲁迅、茅盾为代表是第一代，那么，姚雪垠大致可划为第二代。他漫长的人生横跨了三个大的时代。就文学史断代而言，则是横跨了现代和当代两个大的时代，尤其是其真正发出划时代的璀璨耀眼的光芒是在当代。至今，鲁迅离开我们已经83年，茅盾离开我们已经38年，姚雪垠离开我们已经20年。若是以上述"世纪"的时间单位标准来衡定检示新文学的涵融度、成熟度、实绩和生命力，那么，对其两代人成果的检验还要永续下去。而事实上，近百年的文学史、文化史，对两代人的评价，确实犹如过山车，陡险颠簸；又如无垠的夜空，时晴朗，时阴霾。但是，无论是在峰在谷，是晴是霾，是神、是人、是鬼，可以说都绕不开他们的名字。即使阴霾蔽空，而大星依然存在，依然星辉月朗。他们的名字已经化作历史文化的符号，犹如空气和阳光，即使看不见、摸不着，但是离不开，是被过滤化、抽象化、形而上化、甚至变形化的。因为他们的精神创造早已融入了这个民族的精神，融入了民族的文化传统的血脉和精魂里去了。这也许正是姚雪垠生前立誓和预言的"生前马拉松、死后马拉松"的真谛。

姚雪垠自青年时，一踏入文坛，就春潮带雨，驾雷驭电，为文坛江湖带去了异质新异的呐喊。自20世纪30年代起至中华人民共和国成立，姚雪垠经历了中国现代文坛狂风骤雨的洗礼，政治上的、艺术上的、宗派上的惊雷几乎炸烂了他的全身。而他最终挺了过来。历史昭示的力量，是真的艺术的生命越辩越明，越炼越闪光。它弃绝了浮华，吹尽了黄沙，过滤了杂质，还生命艺术以刚健、质朴、厚重、真实。

古今中外，一切思想和艺术的结晶莫不是经由时间的熔炉冶炼、岁月的筛子过滤而积淀下来。后来人是在人类历史文明的海滩上随意捡起的一枚闪亮可心的小贝壳。

历朝历代的举义者是可欣慰的，由他为李自成和明清政治集团作正史立传。

中国的17-18世纪之交的历史拐点是可欣慰的，由它复活这盘大棋的腾挪跌宕，虎吼雷鸣。

中国的现、当代文苑是可欣慰的。若无他横空出世，中国文学史、史学史的文学家谱系、史学家谱系和艺术典型人物画廊将缺失那颗大星，中国的现代意义的长篇历史小说流派将缺位这尊开山祖。

世界文学史、文化史的长河是可欣慰的。若无这位老艄公的劈波斩浪，这首洪波曲就缺了汪洋澎湃的这一雄章。

三

有学者指出，世间有莎学、托尼学说，还有红学、金学、鲁学、茅学、钱学，姚雪垠及其创作的全部成就理应立"姚学"（或"李学"）。

由一个文学研究领域而立以独立的一个学科，需要具备这样几个近乎苛刻的特征：其禀赋呈现足够丰富的创新性；创造了史无前例、丰富多彩的人物画廊；创造主体和艺术人物的性格丰富、复杂、鲜活、真实，是包容性、资源性、再生性很强的思想巨人；作品主题摄取了时代的精华；艺术规律的创新探索走在了时代的前沿，别立新宗，独创新文体，足可为后世垂范；语言创造形成了独特风格；作品对后世、对世界有着久远的影响，形成了公认的新的流派，经得起"生前马拉松、死后马拉松"的时间的检验；其研究史渊源流长，有经得起不断被阐释被批判被否定被酷评被开掘而能不断焕发生机，永葆生命的恒久魅力。统观姚雪垠及其全人全文，迄今为止，一一具备上述特征，名归"姚学"，是历史的客观存在。

　　中国现代意义上的历史小说创作并不从姚雪垠始，鲁、郭、茅都是先驱。鲁迅的《故事新编》（1936年出版），郭沫若的《豕蹄》（1936年出版），茅盾的《宿莽》（1931年出版）都是杰作。但是，中国现代长篇历史小说的奠基、成熟和绽放确实是由姚雪垠开其绪，由此，奠定了姚雪垠作为长篇历史小说的开路派、建构派之父之地位，真正显示了他在这一领地成熟的创作实绩。是他，将我国现代长篇历史小说的地位提升到了应有的时代高度；是他，在某种意义上将中国文学在与世界文学接轨的航道上向前推进了一大步！是他，在世界文学俱乐部中为中国文学和东方文学赢得了显赫位次和崇高荣誉。我们称之为"一代宗师"。德位相配，实至名归。我们不禁为巨匠洒泪，为英魂吟泣，为民族骄傲！

姚学研究的核心是自觉的问题意识和理论眼光。回顾新时期乃至新中国成立以来姚学接受和研究的历程，姚学可以说是与新中国成立70年来的整个社会思潮尤其是与新时期以来的思想解放运动、与文学主体性讨论的潮流同沉浮，共荣辱。《李自成》这部历时42年分卷陆续推出的鸿篇巨制，在近六十年的审美接受过程中，作者和他的传主形象一直在发生着白云苍狗、沧海桑田般的戏剧性变化，这恰恰是"这一个"姚雪垠的独特魅力所在。如果换一个角度，将历史镜头的焦距拉长，我们站在大历史的宏观视野和历史背景面前审视，某些在几十年之内发生的事情，我们确实可以忽略不计。虽然它对那个时刻在场者存在的主体生命和艺术生命来说是至关重要的。

这也是姚雪垠生前立下"马拉松"寓言式哲学的奥旨所在。

在20世纪的70年代末80年代初，中国大陆形成了姚雪垠和其代表作《李自成》研究的第一次高潮，之后，随着《李自成》五卷本的完整问世，"姚学"研究的思潮几经起伏跌宕，走了一个"Ｖ"字形，形成了一个沉寂、沉淀、酝酿、蓄势期，延至21世纪第一个10年，以"纪念姚雪垠百年诞辰学术研讨会暨中国新文学学会第26届年会"和"纪念《李自成》出版五十年"为契机,形成了新时期"姚学"研究的第二次高潮,标志是《纪念姚雪垠百年诞辰学术研讨会暨中国新文学学会第26届年会论文集》与《文学"马拉松"——〈李自成〉出版五十年研究文选》的诞生。在《文选》一书的《编后记》中编者开篇即指出:"在中国当代文学史上,《李自成》既是一个巨大的存在,也是一个复杂的存在。"这是一个非常有洞察力、前瞻性的论断。但是,编者只说对了一半,他只说了作者的代表作,未指出的另一半应该是作为创造主体的作家和作为接受主体的永远的读者和批评家也是个巨大的存在,更是个复杂的存在。唯其全人全文全程的"复杂",是个"资源性"的"富矿",故蕴含着无限丰富的意蕴,为后人在多维视野中研究、批判、阐释"姚学",进而进行姚学史的研究储存了宝藏,埋下了伏笔,为"史的自觉"提供了可能。与新时期以来的鲁迅研究、茅盾研究等相比,姚雪垠研究的起步时间几乎是与之同步。但是,现有研究成果无论是数量还是质量,无论在广度还是在深度上,与前两者都不能相比,这恰恰说明今后对姚学的研究和创新的空间十分广阔。1979年,姚雪垠倡导成立了中国当代文学学会(即中国新文学学会的前身),而后,中国当代文学学会即创立了"姚雪垠研究中心"作为该学会的二级机构。2000年,中国作协设立"姚雪垠长篇历史小说奖"。今年姚雪垠研究会的成立,为今后系统综合开展姚学研究提供了很好的平台。

在文学、史学探索道路上，姚雪垠伴随着中国革命进程，中国新文化运动、中国新文学运动、世界先进文化思潮和西方多元文学流派的交融节奏而形成了自己的开放的现实主义文艺思想创作方法，形成了自成体系的、科学的唯物史观。

鲁迅先生曾说："倘要论文，最好是顾及全篇，并且顾及作者的全人，以及他所处的社会状态，这才较为确凿。"（《鲁迅全集》第6卷《且介亭杂文二集》之《"题未定"草（七）》）

姚雪垠"全人"与"全文"的丰富性和复杂性，客观地对姚学研究者提出了多维视野、宏观视野的更高的要求。我们可以用多学科、跨学科、系统化、综合化的研究方法，换言之，可以用哲学、人类学、社会学、宗教学、史学、美学、文艺学、心理学、伦理学和中外比较文化学、比较文学、比较史学、比较美学、比较伦理学、比较哲学、人学比较法、历史比较分析法对"姚学"进行全方位的考察研究。如研究姚雪垠人格结构与创作风格；姚雪垠文艺理论与艺术哲学；姚雪垠与艺术心理；姚雪垠历史小说文体创新性；《李自成》中的悲剧美学思想；姚雪垠开放的现实主义理论与创作实践；姚雪垠史学观；姚雪垠与接受美学；姚雪垠与世界眼光；姚雪垠与中外文化；姚雪垠与中原文化、京派文化、与方言；姚雪垠与诗书画艺术；姚雪垠与鲁迅、茅盾全人比较研究;"姚学"研究与国际合作等。

我们期待,在若干年后,在姚雪垠研究之研究方面,能见到与中国悠久的历史小说传统,与姚雪垠历史贡献和历史地位相辉映的深厚的"姚雪垠研究史"诞生,在姚雪垠研究之研究的园地开辟出一片沃土。

四

中国史哲向以"究天人之际,通古今之变"为鹄的。

遥想两千多年前,太史公笔下的那陈涉,那项羽,那虞姬,那刘邦,那张良……那本纪,那世家,那列传……多少的刀光剑影,多少的大漠刁斗,多少的俊杰男儿,多少的江山美人,纷至沓来,一一奔腾至太史公的胸中。他挥动刀笔雕镂,锦绣罗胸,屏息静气,全神贯注。他每着一字,常常掷笔三叹。他将满腔悲愤,一腔豪情都滴注在千年不蠹的竹简上。

记得十多年的一个暮秋,我和妻子在河津友人王锡义、尚根仓的陪同下拜谒了太史公祠。太史公祠简约苍莽,一坟孤悬,倔强地屹立在黄河岸畔,俯瞰脚下黄河滔滔。

太史公不死,姚雪公不生!

二公乃吾邦吾乡斯族斯民的鬼雄史魂。

今年清明前夕,我携家眷与姚海天夫妇一起祭扫了北京西郊姚老夫妇的墓。先生的墓地上又长出了青翠的小草和野花。我躬身摘了一朵不知名的花儿。我凝视着谛听着瑟瑟花儿，我想，我该向花儿倾诉点什么呢？

是夜，梨花滴泪，杨柳生姿，风声雨声中，我移步庐外，遥望北斗，深鞠一躬。

是为序。

王超逸

己亥年清明前夕子夜时分

（作者系北京大学当代企业文化研究所研究员、著名企业文化学者、姚雪垠研究会常务副会长兼秘书长。）

目 录

姚雪垠小传

姚雪垠（1910~1999），河南邓州人，现当代著名作家。1929年考入河南大学法学院预科，同时发表处女作短篇小说《两个孤坟》。1930~1931年，因参加学生运动，先后被捕和被开除学籍。以后常居北平读书自学和写作，走上文坛。七七事变后回到开封，参与创办和主编抗战刊物《风雨》周刊。1938年发表短篇小说《差半车麦秸》，享誉文坛。1938年秋至1943年1月，在鄂北、皖西抗日前方从事文化工作，创作《春暖花开的时候》《牛全德与红萝卜》等力作，主编《中原文化》。1943年2月到重庆，当选为中华全国文艺界抗敌协会理事兼创研部副部长。1944年出版《春暖花开的时候》。之后到四川三台东北大学任教，1946年开始创作《长夜》。1947年到上海写作，出版《长夜》。后到浦东农业学校教书。上海解放后，任大夏大学教授兼副教务长、文学院代院长。1951年辞去教职，回河南专事创作。1953年调武汉作

家协会。1957年被错划为"极右派"，在逆境中开始创作长篇历史小说《李自成》。1963年《李自成》第一卷出版，1999年全书5卷出齐。"文革"结束后，定居北京写作。曾任湖北省文联主席、中国新文学学会会长、中国作家协会名誉副主席，全国政协五、六、七届委员。文学生涯70年，著作逾千万字，代表作《李自成》是里程碑式的文学巨著。

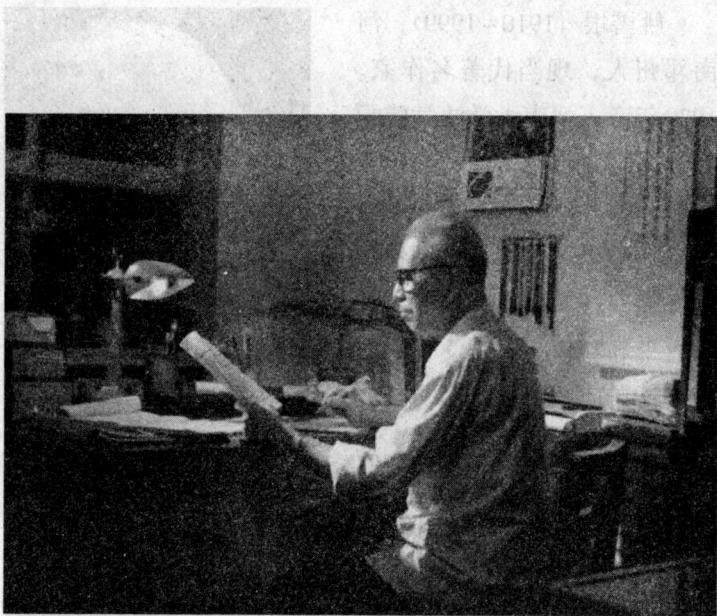

姚雪垠在书房（1979年）

姚雪垠："无止境斋"永无止境

1995 年 10 月 3 日，我们（蒋晔与妻子武京予）在常香玉老师的引荐下，在北京木樨地拜访了著名作家姚雪垠先生，那一年，他86岁。在采访他的时候，我们印象最深的是，在他的书房门框上方，有一个镶玻璃框的匾，匾上有姚雪垠手书在洒金红宣纸上的 4 个楷体大字："无止境斋"。这肯定是他书房的斋名了。通过

姚雪垠晚年像

这个斋名，我们便可鲜明地感受到姚雪垠那永无止境的奋斗精神。永无止境，便是"无止境斋"的灵魂，也是斋主一生的真实写照。

一、《李自成》缘起于开封与河南大学

河南大学是我读研究生时的母校，我在这所闻名、美丽且具有悠久历史的学校工作、学习了 3 年时间。由于姚雪垠

蒋晔（右）采访姚雪垠时合影（1995年）

先生也曾求学于此，所以，我们的话题自然从河南大学谈起。

他说："我这一生的成就很小，但是论起这一点点微不足道的成就，我不能忘记在河大预科两年的学生生活。这是我一生道路开始的地方。"

"1929年春天，我不满19岁，从河南邓县（今邓州市）来到了当时的省会开封寻找出路。从这个时候开始，我结束了浑浑噩噩的少年生活，开始有意识地学习，也有了自己的追求。这所学校给了我一个全新的视野。"

我们问姚老："全新在什么地方？"他告诉我们："河大两年，我在几个方面获益不浅：一是阅读了介绍马克思主义的书籍，了解了一些关于历史唯物主义、辩证唯物主义的理论知识；二是阅读了'五四'以后的新文学作品、苏联名著和文学理论读物。五四新文学运动给了我第一次思想启蒙，

而大革命失败后的革命文
学运动又给了我第二次思
想启蒙；三是在河大期
间，读了梁启超的《清代
学术概论》等晚清学者的
著作，清代朴学家的治学
精神、方法和态度，给我
以极大的影响。"

"我在河大就读的年
代，是国内阶级冲突最为
激烈的年代，全国各地学
生的抗议浪潮此起彼伏。
我和同学们一起加入了

青年时期的姚雪垠

'反帝大同盟'，积极参加学潮委员会组织的活动。1930年，
开封警备司令部以'共产党嫌疑'为由，将我逮捕，因查无
实据，关了4天后取保释放。1931年暑假，我又因参加政治
斗争和学潮，被学校以'思想错误，言行荒谬'的罪名挂牌
开除学籍，大学预科的学习生活至此结束。听说当局又要抓
我，当天乘火车逃往北平，开始了艰苦的读书自学和写作生
活。虽然我在河大只度过了两年的学习生活，但这却是我一
生中的关键时期，我永远不能忘记这短短的两年时间给我的
深刻政治思想教育和人格锻炼，对我以后的学习起了启蒙和
引路作用。"

我们问姚老："什么是启蒙和引路作用？"他说："在河
大期间，对于我来说，最具有意义的是处女作短篇小说《两
个孤坟》的发表。它揭露控诉家乡的地主土豪活活打死一对

彼此有好感的少年佣人婢女的罪行。当我到报馆领到了《两个孤坟》的稿酬五毛钱时，我的眼睛顿时发亮了。五毛钱，这是一个最不起眼的数字，可是，对处于生活困境中的我来说，却是一笔不小的收入。五毛钱，我可以在地摊上美美地喝几碗热气腾腾的绿豆面丸子汤；五毛钱，这是我几天的生活费呀。五毛钱带给我的，不只是经济上的接济，更重要的是对我从事文学创作的及时鼓励，精神的慰藉。从此以后，我一生都未脱离文学的航道。可以讲，河大两年，为我以后的创作做了初步的准备。"

"最早接触李自成材料，是在1931年暑假离开河大后，那时，我仍然不断往来北平、开封之间。利用寒假，回开封探亲，看望住在岳父家中的妻子，我还经常到河南省图书馆（今开封市图书馆所在地）读书。正是在这里，我意外地发

民国初年的河南省图书馆

现了记载李自成3次进攻开封的两本书，一是李光璧的《守汴日志》；二是周在浚的《大梁守城记》。这两本书，是我接触明末农民战争史料的开始。正是从这里开始，我已经隐约地出现了创作《李自成》的意识萌动。"

"从那个时候起，我就开始广泛搜集有关的历史资料，其中包括明清有关人物的重要活动、重要战役、典章制度和风土人情。为此，我一一做了索引，分门别类，抄成卡片。这项基础工作做了很长时间。你们来看看我的卡片柜。"

我们跟着姚雪垠先生走进他的书房，卡片柜靠墙而立，卡片柜有10个抽屉。姚先生让我拉开一个抽屉，只见里面的卡片整整齐齐地排列着，每个卡片上都是密密麻麻的蝇头小楷，简明扼要地记载着某一个历史事件的梗概和所引用的文

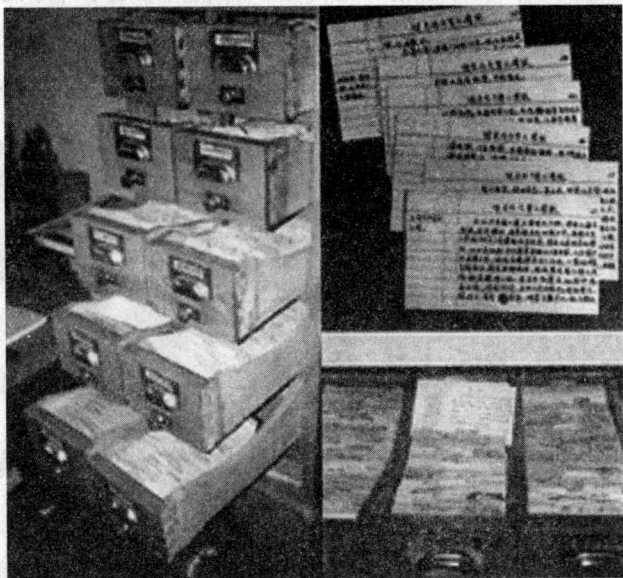

卡片柜与资料卡片

献。可以说，没有这些资料卡片，没有这些大事索引，创作
《李自成》这部文学巨著就更会困难重重。

"姚老，您构思《李自成》是在新中国成立前，真正动
手写作是在新中国成立后。这是为什么？除了资料上的准备
需要一段时间外，还有没有其他原因？"

姚雪垠说："有。新中国成立前之所以对写《李自成》
有兴趣，而不能动笔去写，有几个原因：一是因为当时我的
生活没有保障；二是因为要写好一部长篇历史小说，需要搜
集很多资料，这个过程很费时间；第三个原因是最主要的，
在新中国成立前，我还没有掌握科学的思想方法，对于农民
起义对历史的推动作用认识很肤浅。新中国诞生后，我才逐
步掌握了历史唯物主义观点，才能对头绪繁杂的历史资料进
行分析判断，去粗取精，把握实质，从而形成了《李自成》
的主题思想。正是这样，我带着对李自成及其将领们、士兵
们的深厚感情，塑造了一个个英雄形象，写出了一个个可歌

姚雪垠夫妇与家人（1954 年）

可泣的故事。我在写《李自成》时，常常被自己构思的情节感动得热泪盈眶，不得不停下笔来，等心情稍微平静之后，再继续往下写。你想，我为什么能和农民起义的英雄们同呼吸、共脉搏？我为什么为英雄们而痛哭？这都是因为我真正理解了中国历史上历次农民起义的革命性。农民为什么起义啊？还不是被压迫、被压榨到忍无可忍的地步才起来造反吗？正是这些造反把整个社会的生产关系重新调整一遍，调整到对生产力发展有利的方向上来。"

"您为什么对创作历史小说有这么大的兴趣？我听说您还想写一部太平天国的历史小说？"

姚雪垠说："我青年时代就特别喜欢读历史，总希望自己将来成为一个历史学家。我读的史书很多，对中国历史和古典文学有过广泛研究。这就为我写作历史小说打下了很好的基础。"

1938年12月均县文化讲习班学员合影，左六坐者为姚雪垠

"中国古代史的分期问题，即从什么时候由奴隶社会进入封建社会，几十年来学者们为此争论不休。中国学者有两派观点：一派主张从西周开始中国社会就进入了封建社会；另一派认为，到了东周，中国社会才进入封建社会。我从青年时代就很关注这个问题，比较各种学说，我比较赞同范文澜先生的'西周说'。但我又认为，中国幅员辽阔，各地发展很不平衡，有的地方直到战国时期甚至秦汉以后才进入封建制，我是一个'调和派'。不管怎么说，我们中华民族的封建文化，在西周乃至以后很长的一个时期内，对当时周围其他民族而言，无疑是一种新兴的进步文化，具有旺盛的生命力。这种文化具有强大的同化作用，其他民族可以用武力高压统治汉民族，却征服不了汉文化，最终都被先进的汉文化同化。这是一个极为深刻的历史规律。"

"我除了喜爱历史之外，也很喜欢文学创作。1937年8月卢沟桥事变爆发后，我从北平回到开封，在中共河南省委领导下，与王阑西、范文澜、嵇文甫创办了抗日救亡刊物《风雨》周刊，我还担任主编。后又到鄂北五战区从事文化救亡工作。1941年在大别山主编《中原文化》抗战刊物。1943年初到重庆，我当选为中华全国文艺界抗敌协会理事，并担任创作研究部副部长。1945年在四川三台任东北大学副教授，上海解放后任大夏大学教授、副教务长、文学院代理院长。这期间，我写了很多作品，主要有：《差半车麦秸》《战地书简》《红灯笼故事》《四月交响曲》等短篇小说集，《牛全德与红萝卜》《戎马恋》《新苗》《重逢》《春暖花开的时候》等中、长篇小说，后来还有《长夜》等。这些文学实践对以后写300万字的5卷本《李自成》大有益处。"

二、我不能停止长征

《李自成》这部长篇历史小说的创作，持续时间如此之长，在中国当代文学史上是罕见的。如果从1941年姚雪垠开始搜集资料算起，直到1999年他去世为止，创作持续了近60年；如果从1957年他47岁开始写作算起，创作持续了42年。生命只有89岁的姚雪垠，竟然用了半辈子的心血倾注其中，可见其坚忍不拔的毅力。1999年秋天，在姚雪垠先生去世几个月后，《李自成》第四、五卷书稿经过整理后出版，将近100万字。中国作家协会将《李自成》全书5卷列为国庆50周年10部献礼优秀长篇小说之一。时隔4个月，22卷本《姚雪垠书系》也由中国青年出版社出版。

在完成《李自成》之后，姚雪垠还计划写两部长篇历史小说，一部是反映太平天国历史的《天京悲剧》，一部是关于辛亥革命的《大江流日夜》。但它们随着姚雪垠先生的故去而成为永远的遗憾。

姚雪垠说："改革开放前，这部小说的创作主要是被政治运动耽误了。形势好了，我又上了年纪，写起来慢多了。1957年我在《文艺报》上发表了《打开窗户说亮话》《谈打破清规戒律》等几篇文章，被打成了'极右派'，到1979年平反。在1957年被批斗和'闭门思过'的日子里，度过最痛苦的短暂时间后我给自己鼓劲，坚决不自杀，不灰心丧气，决定开始写《李自成》。我是一边痛哭一边悄悄写这本书的。为掩人耳目，我用一份写不完的'检查'，遮掩着一沓沓书稿。"

上图：5卷本《李自成》

下图：22卷本《姚雪垠书系》

"我这个人的特点就是，一旦下了决心，就作背水一战，有进无退，不管多么艰难困苦，决不半途而废。我是打不垮、压不扁、吓不倒、拉不转的人。那个时候，为了在特殊情况下进行写作，我特意买了一本仿牛皮纸的活页夹子，用蝇头小字在窄行的活页纸上进行创作。一有空，我就沉思默写，进入《李自成》的世界，这时给人的印象，我好像是在专心地写反省材料。听到脚步声，我便很快地将活页夹子合上，正襟危坐。进来的人问我在写什么？我便回答：写检查材料。等来人走了，我再打开活页夹子，继续写作。就是

姚雪垠在东西湖农场劳动过的大渠和农田

在这种情况下，我从 1957 年 10 月到 1958 年 8 月，用等待处理右派的 10 个月时间，不仅写完了《李自成》的第一卷，也将第二卷写出了一部分。虽然那是仓促写成的草稿，但这是后来整理加工的基础，有这个基础非常重要，倘若没有它，后来的《李自成》就永远是一句空话。后来我被下放到汉口郊区的东西湖农场监督劳动。在这里劳动改造的'右派'，只准干体力劳动，不准有别的任何选择。但我依然在繁重的体力劳动中惦念着《李自成》第一卷的草稿，常常一边劳动，一边默默地在心中推敲《李自成》，丰富《李自成》，修改润色《李自成》，然后利用中间休息时间，偷偷地记在随身携带的小本子上。晚上和夜里是我的黄金时间，我躲在蚊帐里，在电石灯下，把白天想到的改到第一卷的草稿上。那时我已经是半百的人了，我们修公路，挑塘泥，运砖石，干的都是重体力劳动。"

第一卷初版《李自成》(1963 年)

"1959年，我犯了急性关节炎，不仅不能走动，就是坐也坐不住了，我拄着双拐，行动非常艰难，这才批准我回武汉看病。我回到武汉作协，住进一间空房，房内只有一张单人床、一把椅子、一张三屉桌。我悄悄地住了下来，根本没去医院诊治双腿，而是利用这次看病的机会抓紧整理《李自成》第一卷的草稿。到了1960年，中央对'右派分子'的政策开始有了一些松动和变化。这年10月我被宣布'摘帽'，写作条件得到改善，到1961年夏天将《李自成》第一卷整理完毕。"

　　"1963年《李自成》第一卷由中国青年出版社出版后，在全国产生很大的反响。第一版首印10万册，很快又接连重印两次。因为是'摘帽右派'出书，当时有个内部规定：《李自成》在报刊上不宣传，不评介，按最低标准付稿费。尽管如此，有这么大的印数和社会反响，也是十分可喜的。正当我继续完成《李自成》第二卷的写作时，'文化大革命'开始了。先是大字报、小字报，接着就召开群众大会声讨《李自成》是'反党反社会主义'的大毒草，声言要打倒姚雪垠这个'牛鬼蛇神''摘帽右派'，要拔掉《李自成》这面黑旗。我再次面临灭顶之灾。就在这关键时刻，毛主席向我伸出了救助之手。如果不是毛主席亲自出来说话，不仅《李自成》不存在了，也许我姚雪垠也不存在了。但毛主席怎么说的，在什么场合说的，我并不清楚。粉碎'四人帮'以后，我写信给王任重同志，王任重把事情发生的前前后后写信告诉我，才知道发生在1966年的'最高指示'的前因后果。那是1966年7月中旬，毛主席亲自主持中央政治局扩大会议，看到王任重同志列席，毛主席把他叫到身边，对他说：姚雪垠的《李自成》第一卷的上册我已经看了，写得不错。你赶快通知武汉市，对他加以保护，让他把书写完。第二天早晨，王任重即打电话向武汉市委第一书记宋侃夫传达‘最高指示'。武汉市委根据‘最高指示'的精神，对进驻文化系统的工作队作了特别布置——保护姚雪垠和《李自成》不受冲击。"

"就是这个原因，我才未被揪斗游街，未被殴打关押，《李自成》的原稿，以及大量藏书和长期积累的万张读书卡片未被查抄、免遭损毁。以后我到五七干校，利用每天放猪放牛的劳动间隙充实修改《李自成》的第二卷稿子。白天我把猪和牛赶到野地里放养，自己坐在一旁写《李自成》，遇上刮风下雨便提着一盏马灯躲在牛棚里写。晚上回到集体宿舍，也是争分夺秒，在别人入睡以后，我爬起来，点上油灯，伏在床上写《李自成》。写累了，就到院子里打两套太

姚雪垠、王梅彩夫妇于武汉（1963 年）

极拳，回来再写。天天如此，从不间断，即使每天只写上三五百字，也决不放弃。"

1975年10月，65岁的姚雪垠为了摆脱极"左"思潮的严重干扰，能继续写作《李自成》，在《李自成》第一卷责任编辑江晓天的建议下，他给毛主席写信，请求毛主席支持他把《李自成》写完。这封信他寄给宋一平，然后再转给胡乔木，再转送给第一副总理邓小平，由邓小平转呈毛主席。毛主席很快用粗铅笔在胡乔木的报告上批示："印发政治局各同志，我同意他写李自成小说二卷、三卷至五卷。毛泽东十一月二日。"这样，姚雪垠才得以从严重干扰中脱身，从武汉来到北京，专心致志地写《李自成》。

姚雪垠说："我每天凌晨3时左右起床，一直写作到中午，从没有节假日，没有星期天。1976年唐山大地震那天，别人是在梦中被震醒的，而我早已起来写作了，感受到地震时的剧烈晃动。前前后后用了近8个月的时间，反复地进行修改，加工润色。1977年初第二卷出版后，轰动全国，读者竞相购买阅读，一时洛阳纸贵。正是这一卷，使我荣获了首届茅盾文学奖。"

"1977年《李自成》第二卷出版后，为加快《李自成》写作出版，国家给我配备了两名助手，并且改为口述录音方式。我在录音前都要列出详细的口述提纲，细到某一章某一节的情节如何，对话怎样。然后每天凌晨趁夜深人静之时，根据口述提纲用录音机录下自己口述的内容。天天如此，每天都要录四五个小时，然后再由助手根据录音去整理成初稿，我再进行修改和定稿。就这样用了不到三年时间，完成了《李自成》第三卷，1981年出版，当时我已经71岁

上图：首届姚雪垠长篇历史小说奖颁奖典礼
下图：二月河代表获奖作家讲话

了。《李自成》第四、五卷的创作也多半采用了这种方式。到了80年代中后期基本拿出了这两卷的口述录音稿，还有一部分是我手写稿子。到这时，可以说这两卷已基本成稿了。"

老作家秦牧是这样评价他的："姚雪垠致力写300万字的长篇历史小说《李自成》，单是这种意志和毅力，就很令人敬佩。这种精神，着实了不起！"

上图：姚雪垠在录音中
下图：口述录音提纲、录音机、磁带

三、决定历史发展趋势的力量

明末农民起义领袖李自成是一个悲剧式的历史人物。他经过十几年的浴血奋战，终于推翻了腐朽的明王朝。然而不幸的是，他进驻北京42天后就不得不退出，一溃千里，一败

《李自成》中的李自成与崇祯皇帝插图

涂地。这是为什么？

当我们问到这一问题时，姚雪垠说："李自成起义军打垮了明王朝的腐朽统治，在一定程度上推进了社会的发展。他坚贞不屈的光辉品质、艰苦朴素的生活作风，代表当时农民利益的革命行动，在今天仍有现实意义。"

"李自成的一生是悲壮的一生，他是一位悲剧英雄。他失败的主要原因有3个：一是没有建立根据地；二是进北京后没有解决好腐败问题；三是在一些重要政治、经济政策上出现了严重问题，对革命产生了不利影响。李自成进入北京后，本来可以利用自己强大的政治和军事优势，争取不愿意向清军妥协的明朝文臣武将以及广大爱国儒生、

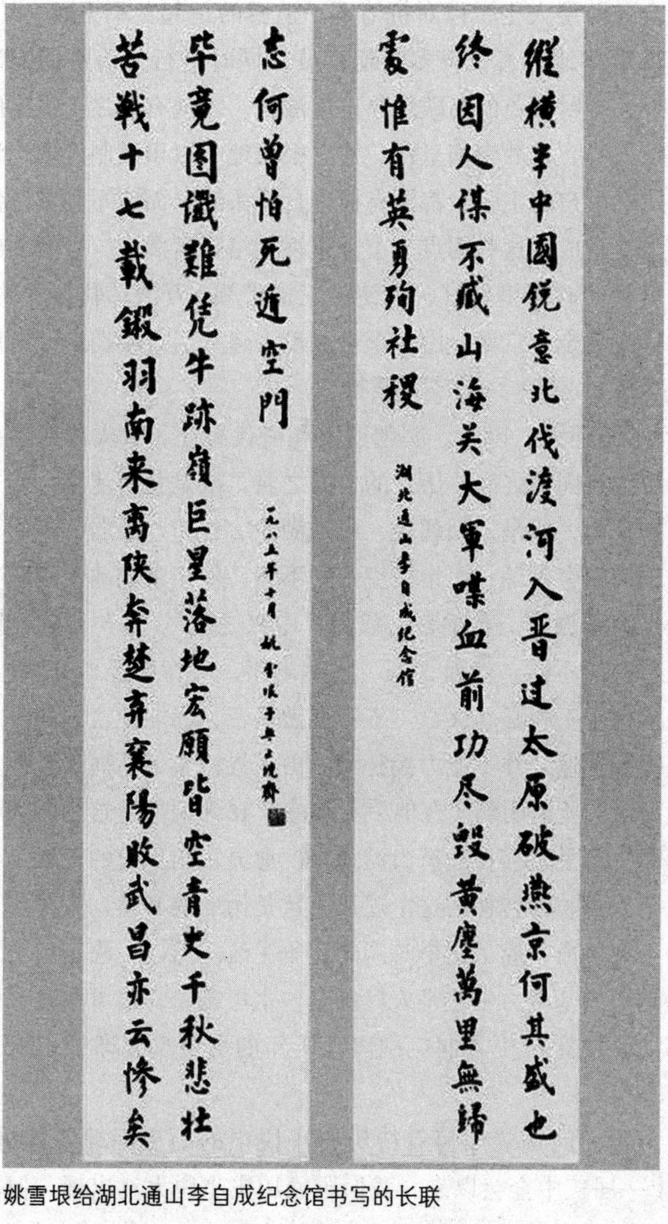

維橫半中國銳意北伐渡河入晉过太原破燕京何其盛也

終因人謀不臧山海关大軍喋血前功尽毁黄塵萬里無歸

震惟有英勇殉社稷

湖北通山李自成纪念馆

志何曾怕无边空門

畢竟围讖難凭牛跡嶺巨星落地宏願皆空青史千秋悲壮

苦戰十七載鍛羽南来离陕奔楚弃襄陽敗武昌亦云惨矣

姚雪垠给湖北通山李自成纪念馆书写的长联

社会各阶层人士，以对抗清军。遗憾的是起义军不顾一切、不讲策略地杀害了很多明朝官员，同时进行'追赃助饷'。另外，嗜财贪色的腐败现象迅速滋长。一些有识之士提出的收抚人心、礼葬崇祯皇帝、建立根据地、以田赋制度取代流寇式吃大户的主张，都没有被李自成采纳。而清军则紧紧抓住了李自成的这些弱点，十分重视笼络降清儒生，号召明朝官员到清政府里做官，致使吴三桂带领6万清军骑兵入关，李自成败走北京城。由于李自成没有建立后方根据地，所以他兵败如山倒，一发不可收拾。"

"明朝灭亡以后，明朝遗民和清代封建士大夫都对崇祯皇帝抱有同情之心。历代的亡国之君，或是荒庸淫乱，或是胡作妄为，或是不理朝政，或是糊涂、昏庸、懦弱、年幼无知、大权旁落等，而崇祯皇帝则不然，他亲掌朝政，刚毅有为，力图振作，希望自己成为'中兴之主'。他与历代亡国之君迥然不同。然而，到了明朝末年，政权已经十分腐朽，决定这个王朝必然灭亡。不管谁做皇帝，只能使亡国的时间延缓或加速，并不能力挽狂澜。由于崇祯皇帝不同于其他末代皇帝，所以明朝才在他手上维持了16年时间。这个时间不短啊！愈是崇祯百般努力而未果，愈显示出历史的发展是不依个人意志为转移的这个规律。这是历史的必然。人民要造反，要革命，成了这个时期的斗争主流。所以，决定历史发展趋势的基本力量还是人民群众。水可载舟，也可覆舟，民心向背决定历史方向。中国几千年的历史反复印证了这个道理。"

我们问姚老如何看待历史小说中的历史问题？他讲："十一届三中全会以来，我们国家历史小说大量出现，但不

晚年姚雪垠

懂历史的小说太多。像我们这么一个传记文学、历史文学都很发达的国家，我们有作家懂历史的传统，但目前的情况很不好。譬如说有个作家写的历史小说，竟说酉时太阳很高，这是缺乏生活常识，酉时明明是深夜，怎么可能太阳很高呢？再比如小说中说袁世凯向荣禄告密，说谭嗣同要包围颐和园捉拿慈禧，荣禄专门设了个跳舞会来招待袁世凯，这也是不可能的，那时怎么会有跳舞会？那是二三十年代的事情。这本书我没细看，只是翻了翻，太缺乏常识了，简直没法看。再比如说还有一个作家写战国时代就有近体诗，近体诗到唐朝才确定下来，这怎么可能出在战国时代呢？又比如说有本写隋炀帝的历史小说，小说中有个细节写宫女们私下说'炀帝怎么样怎么样'，这也是明显的历史知识不足。炀帝是唐朝时封给他的，是个贬义词，那时隋炀帝早死了，宫女们怎么会知道？"

"还有一个大家谈到清兵入关问题，说是因为刘宗敏霸占了陈圆圆，清军才入关。其实根本没这事。清兵入关，大顺朝生死存亡，怎么可能因一个妓女误国呢？再说当时北京烟花女子有的是，这怎么可能呢？那时汉满两民族一场大战，是汉族的大悲剧，不可能归结到一个妓女身上。我在《李自成》第五卷第一单元里，对这个问题进行了澄清。"

"我是先有史学，然后才从事文学的，因为史学在前，所以我有较深的史学底子。为此，必须踏踏实实地整理资料，才能知道什么对，什么不对。如果不从资料上下功夫，历史唯物主义方法就会用不好，所以作为历史小说家，必须是历史学家，并且还需要是杂家。历史小说家在处理历史与小说两者关系时，必须做到深入历史，跳出历史。不深入历

姚雪垠为电视剧《巾帼悲歌》题写片头

史，就不能达到历史科学的水平；不跳出历史，就完不成艺术的使命。在'深入'和'跳出'这个关系上，'深入'是前提，是基础；'跳出'才是结果，才是升华。"

"我认为，历史小说是历史科学和小说艺术的有机结合，现在的历史小说、历史电视剧，大都缺乏历史基础。很多电视剧不值得一看，缺乏科学的研究精神，不是缺乏深度，就是历史知识不够渊博，甚至错误百出。"

"作为有出息的中国当代知识分子，应当真正了解中国的社会情况和中国历史。我们搞文化建设，不能脱离无比深厚的民族土壤，没有任何理由轻视我国几千年的文化成就。我们从来不轻视西方文化，但我们学的是西方文化中的优秀成果，而不是盲目地向西方文化'朝圣'或者去'捡破烂'。我们要立足中国，崇尚实学，不务空谈。因为我们自己的根在中国，而不是在西方。所以，我们的作家一定要有中国气派。"

　　最后我们问姚老："您的治学和交友经验是什么?"

　　他说："'知之为知之,不知为不知,是知也。'要忘掉虚名,埋起头来,认真读书。我的座右铭就是:加强责任感,打破条件论,下苦功,抓今天。关于交友,孔子说:'益者三友,友直、友谅、友多闻。'所以,交朋友,要交益友,交那些直率、诚恳、有学问的人,不要交那些吹吹捧捧的庸俗之人。"

博览群书（1978年）

姚雪垠的故事

一

　　清末民初，邓县（今邓州市，下同）和全国其他地方一样，很多人都抽大烟。姚雪垠的祖父、祖母抽大烟，他的父亲、姑姑也都抽大烟。他姑姑一直和姚雪垠的母亲相处不好，关系紧张，但受气、受累的常常是他的母亲，一个人挑起操持家务、照顾一家老小生活的重担。在姚雪垠出生之前，他的母亲已生过两个孩子，她不愿意也根本没有精力来抚养第三个孩子。因此，母亲在生姚雪垠以前，已决定将他一生下来就扔进尿罐里溺死。当时溺婴之风遍布各地，毫不稀奇。姚雪垠说："多亏老奶，她是我的救命恩人，假如没有她，我不会在人间活一个钟头。"

　　到了晚年，姚雪垠常给家人谈起他生下来母亲要溺死他和老奶救他的有趣故事：1910年农历九月初八后半夜，他一生下来，守候在母亲身边的老奶没等母亲看一眼，抱起他就往屋外跑，交给西院的四奶暂且喂养。大约过了十天半月，老奶把他抱回来让母亲看一看。母亲看见他眼睛很大，而且眼睛发亮，随着灯光不停地转动，连说："神娃儿，神娃儿呀！"母亲不忍心害死他了，哭了起来。之后，继续让四奶

喂养了一段日子后，才抱回母亲身边，起名冠三，小名
"三"。

二

　　姚雪垠的记忆力很强，在四五岁的时候，当父亲在屋里
教他的大哥、二哥念《三字经》时，他在院里偶尔听到一
些，觉得有趣，边玩边听，竟然把《三字经》都背会了。

　　家里有个姓袁的青年佣人，沾点亲戚关系，姚雪垠叫他
表叔。秋季收完红薯后，表叔为学《三字经》，每次下地重
刨漏挖的红薯，就用背篓背着姚雪垠下地，同时带块烤红薯
给姚雪垠吃，作为教他学《三字经》的奖励。不久，表叔会
背了《三字经》，可是姚雪垠却因红薯吃多了，留下了后遗
症，长大后一吃红薯胃就泛酸、不适。

家乡姚营村边的刁河，姚雪垠小时候常和哥哥们在河中嬉水、河边割草

三

南阳一带农民耕田以牛为主，每个农家都有"牛屋"。在冬天农闲时，"牛屋"里，总是挤满了听故事的人，听老人们讲故事。儿时的姚雪垠在这里听了很多故事。特别是疼爱他的外祖母有一肚子故事，白天，在村边的青草地上或碾盘上；夜晚，在屋中的小油灯下或灶台前，给他讲了很多故事，大大丰富了他的生活知识和想象力，可以说外祖母是他儿时的启蒙老师。

在采访中姚雪垠对我们说："从我小时候记事起，就常听村里人说黄巢和李自成杀人的故事。女人说，男人传，李自成是一个杀人魔王，要把河南人都杀光。这些故事都是从戏上来的。那时候，农村没有人读书，很少人识字，历史上的许多事情都是口口相传，久而久之，以讹传讹，假的也当真。更没有人像我们今天研究古代农民起义一样去研究历史问题。"

四

在20世纪20年代，河南几乎每县都有土匪，而以豫西和豫南最为严重，几乎成了土匪的世界。姚雪垠的家乡邓县姚营寨本来都是一族，但在匪荒年代却分成了两派：一派地主既有钱又有势力，称为绅士派；另一派地主虽有钱但没有势力，常常受前一派的欺负。为了对抗绅士派，后一派的地主结成联盟，推举姚雪垠的父亲姚化甫为首领。他从外边请来几位"硬肚"教师，教大家唱符念咒。绅士派为了打垮这个刀枪不入的"硬肚"派，他们便同外边的土匪勾结起来攻打姚营寨，企图打死姚化甫。

五

1919年深秋的一个夜晚，趁"硬肚"派没有防备，绅士派引来土匪攻打寨子，在寨中到处找不到姚化甫和他的妻儿，便把他家的三进院宅子放火烧掉，接着打死了姚化甫这一派9名地主。

正巧，这天姚化甫带着妻儿走亲戚，才免遭惨死。当他们在七八里外的亲戚家望见姚营寨的冲天大火，听到那枪声，姚雪垠的父亲便意识家里遭到了劫难，他从亲戚家动身逃到邓县城里租房避难。从此，姚家便在县城安家，父亲给

土匪烧掉姚宅后只残留了3间老房

人家打官司写"呈子"（诉讼书等公文），维持家人的生计。姚雪垠的母亲因为这场家里的劫难，精神受到刺激几乎疯了；爷爷上吊自尽未遂，不久也含恨而死。姚雪垠这一年9岁，却经历了家破人亡的悲惨遭遇！

六

姚雪垠的母亲张姚氏，本来人很聪明能干，年轻的时候，只要她听一遍戏的唱腔，便可记住，唱给别人听，但她没有文化，是一位旧式的妇女。自从姚家在乡下的房子被烧以后，她精神受到刺激，便抽起了大烟。后来，姚雪垠的大哥因当兵死在外面，犹如大姐和母亲一般贤惠疼他的大嫂，后来被逼改嫁；二哥也跑去当兵，这就使姚雪垠的母亲更受刺激，完全变成了神经质很严重的女人。家里终日烟雾缭绕，母亲吵吵闹闹，姚雪垠就在这样压抑的环境中成长。

七

姚雪垠8岁时父亲开始教他读书。9岁时开始读私塾。10岁时转到李莩楼老师办的私塾学习。老师家里十分贫穷，经常吃

民国初年的私塾学校

姚雪垠曾就过学的邓县高等小学堂旧址

不饱饭，但对学生要求相当严格，每隔一天，就让学生用通俗的文言文写一篇几百字的作文。姚雪垠对这个启蒙老师一生都很感激，正是通过他的教学，才使姚雪垠从小就打好了用文言文写作文的基础。

1921年秋天，11岁的姚雪垠上了为期3年的小学，他的作文成绩每次都是100分，成为全校出类拔萃的学生。1924年，他初小毕业，怀着朦胧的"军事救国"的思想，跟

姚雪垠回到故乡看望久别失联的大嫂（1985年）

随一位比他年龄大的同学来到洛阳，要进吴佩孚的幼年兵营当兵。此时已在洛阳当兵的大哥坚决反对："吴佩孚的军队内部非常黑暗，你绝对不能来当兵。在这里，老兵把新兵当作奴隶，新兵要侍候老兵，新兵动不动就挨打受骂，简直不是人过的日子！你还年小，一定要去读书。"

姚雪垠回到久别的姚营故居（1985年）

八

1924年秋，姚雪垠同他二哥来到信阳，进入由教会办的中学读书。开学不久，军阀混战，学校放假，他和二哥及另外几个同学结伴回家。信阳离他们家乡邓县大约有五百里，当他们路过泌阳县时，突然遇上土匪，他们被绑架，做了"票子"。

14岁的姚雪垠被绑架后，土匪为了给他们一点厉害看，先杀了一个从别处绑架来的青年人，然后把他们作为"肉票"关进一间空房子里。主管"肉票"票房的土匪头目瓢子九，要姚雪垠等几个学生马上给家中写信，让父母赶快派人拿钱来将他们赎回。姚雪垠将写好的信给瓢子九念了一遍，即交给了这个土匪头目。他深知自己的家中很穷，不会有钱来赎。

九

几天之后的一个夜晚，姚雪垠的二哥说："这股土匪中，有一个叫王三少的杆子头儿想要你作他干儿子。"二哥带着哭声叫着他的乳名："三儿，二哥请求你答应此事。不然咱们俩很快就会被杀掉一个！"姚雪垠答应下来。很快，他被瓢子九带到王三少的面前："这就是你的干爹王三少，快跪下磕个头。叫干爹呀！"姚雪垠只好跪在地上向王三少磕了头，并说："干爹，孩儿在这有礼了。"

姚雪垠虽然做了王三少的干儿子，但这并没有改变他的"肉票"身份，他的行动随时都受土匪的监视。相反，作干儿子后还给他带来了一个可怕的灾难，他可能成为王三少发泄兽欲的工具，被"鸡奸"。

刚当干儿子的第二天，姚雪垠听到一位土匪对他说："王三少认你作干儿子居心不善，如果他要欺侮你，你就抗拒，就喊叫！"听后，他便恍然大悟，提高了警惕。因此，他每天晚上同王三少睡在一个被窝时，总是提心吊胆，同王三少脸对脸地睡在一头，生怕王三少在夜间有所动作。他下定决心，一旦王三少对他下手，他就坚决反抗。

十

不久，王三少离开这支土匪队伍，姚雪垠又成了薛二少的干儿子，薛二少不让姚雪垠叫他干爹，只叫二伯，他和他的手下对姚雪垠都很好。这些土匪们没有人叫他的名字，只叫他"娃儿"。他们也不把他当"票子"看待，更不防范他逃走。

有一次，姚雪垠在房间里玩土匪们挂在墙上的枪，不提防走了火，把他吓了一跳。这时有两个土匪不知出了什么事儿，赶快跑来，当他们知道是枪走了火，并没有骂他，只是告诉他以后要小心。

十一

姚雪垠这时已由"票子"变成"贼娃"，甚至成了这股杆子中的一员。这期间，土匪们去破寨，姚雪垠就跟着助威，他们烧房子，他也去点火。土匪向地主索款或催促人

土匪血洗过的刘胡庄，图中老汉的祖父母、父母都被土匪杀害在此水坑中

土匪溃败后姚雪垠当时藏匿的房子

们来赎"票子"，他就伏在小桌或磨盘上代为写信。

有一次，当这支土匪被军阀追击时，双方发生了激烈的战斗，姚雪垠不仅不害怕，而且表现得十分勇敢，他几乎是随几个土匪最后才退出阵地。这支杆子的"二驾"看见他走在后面，随时都有被流弹打死的危险，便大声命令："娃儿，快牵着我的马尾巴！"姚雪垠牵着马尾巴渡过了河。

还有一次，这支杆子被军阀包围在一座大庙中，姚雪垠竟冒着枪林弹雨，从围墙内探出头来放鞭炮取笑和恐吓军阀。后来，这股土匪被打散了，薛二少派人把姚雪垠送回邓县家中。至此，他在土匪窝里整整度过了100天。

十二

这100天土匪生活，对姚雪垠一生的小说创作起了重要作用。他在抗日战争胜利后写的长篇小说《长夜》，就是依据这一段生活遭遇写成的。他说："这是一部带有自传性质的小说。小说的主人公陶菊生就是我自己。我是农历九月间生的，九月俗称菊月，所以我将主人公起名菊生。这故事发生在1924年的冬天到次年春天，大约100天的时间。这正是我被土匪捉去的那段时间。这一段少年时期的绿林生活，不仅使我写出了《长夜》，也对我写《李自成》很有帮助。"

十三

姚雪垠的父亲，整天躺在家里抽大烟，等候人们找他写东西，以维持全家的生活。如果没有人来找，他就在家里给姚雪垠讲古文。但因为父亲经常在半夜起来写东西，睡眠不足，所以往往给儿子讲着讲着，自己倒先睡着了，而且还把书掉在大烟灯上，有时烟灯被打灭，有时烟灯则把书烧了。对此，姚雪垠说："父亲对我的教育总是在大烟榻上进行，令我担心和寒心。"

十四

姚雪垠说："从我10岁起到19岁飞离家为止，在差不多10年中，我只见母亲的脾气一天天地变坏，身体也一天天地衰弱下去。我同母亲住在上房，白天和夜晚我常被母亲的不正常的脾气所苦。当我正读书或画画的时候，我会突然听见母亲的没有理性的吵骂、号哭，弄得我头顶冒火，胸口几乎要炸裂。因为母亲的脾气像烈火一样，男女佣人都不能在俺家停留多久，甚至没有人愿来俺家。""我的家不再有一丝温暖，一丝乐趣，一丝生气，完全包围在痛苦和哀伤之中，到现在想起来还使我不能不皱起眉头。"

十五

1925 年冬，15 岁的姚雪垠为寻找出路，跑到南阳樊钟秀的"建国军"中当了兵。樊钟秀是河南宝丰人，少年时拜少林寺和尚为师，后在家乡拉起队伍，抗击官匪。他是孙中山先生的追随者，在大革命时期，当军阀围攻广东、威胁孙中山的安全时，他正好带着部队赶到，解了孙中山的围。因此，孙中山授予这支部队名叫"建国军"，樊钟秀任建国军总司令。

十六

有一次，即将开战，樊钟秀抽足大烟，戴着手套，后跟两个马弁，来到敌人的阵地上观察地形。"口令？"对方阵地上的哨兵问樊钟秀等 3 人。樊钟秀根本不知道敌人的口令，但他沉着地向哨兵走去。"口令！再不回答就开枪了！"哨兵将子弹顶上枪膛，端枪瞄准樊钟秀。但樊钟秀毫不惊惶，仍在向哨兵走去，一直走到哨兵面前，他突然用手电照着哨兵的脸，接着就是两个耳光，边打边骂说："混蛋！离前线这么近，你喊什么？让敌人听见了怎么办？"哨兵以为是他的长官，便放樊钟秀等3人过去了。

十七

敌人攻破阵地时，樊钟秀正在屋里抽大烟。士兵向他报告："敌人来了！"他镇静地说："别惊慌，不要急。"又过了一会儿，他的副官进来报告："司令，敌人到大门口了！"这时，樊钟秀才坐起来，身披大衣，向门口走去。敌人已经迎面向他走来，问道："樊钟秀在哪儿？"他即刻回答："樊钟秀在后边呢！"于是，敌人蜂拥似的冲进了大门，樊钟秀却若无其事地脱身逃跑。

姚雪垠说："这一段当兵生活，对我写《李自成》很有帮助。樊钟秀在作战中沉着、勇敢的表现，就成为我后来创造李自成性格的原型人物之一。"

十八

清末时候邓县有一个人叫胡宾周，在外地当知县，他用挣的钱买了许多书，捐给了家乡，办起了县立图书馆。1928年，四川一个军阀的部队占领了邓县，进驻在图书馆，房子里的图书被到处乱扔。姚雪垠看到这种情景，便对站岗的士兵说："老总，你能不能把那些乱丢在地上的书给我捡几本，我想看书。我替你站岗，时间长一点都行，你行行好吧。"站岗的士兵看见姚雪垠如此恳切，于是，便给他去捡书，姚雪垠背着枪代他站岗。后来，士兵就让他自己进去捡。

十九

姚雪垠在 19 岁那年，为寻找出路，征得父亲同意，从闭塞落后的邓县来到省会开封。他没有家里接济，常常饿着肚子拼命补习功课，最终考上河南大学法学院预科。入学后，国文成绩优异，老师在他的文言文答卷上竟批了"此文可直追汉魏"几个大字，这位老师在课堂上还对全班同学说："我发现在你们班里有国文修养很高的同学，不用我来上课，这位同学就可以教你们大家几年。他就是姚雪垠！"

二十

考上河南大学之前的姚雪垠对人生非常悲观，他从唐代诗人李白所写的《春夜宴桃李园序》中，选出"而浮生若梦，为欢几何"一句，将自己的名字改为"浮生"。后来，又特别喜欢北宋诗人苏轼《和子由渑池怀旧》一诗：

> 人生到处知何似，
> 应似飞鸿踏雪泥。
> 泥上偶然留指爪，
> 鸿飞那复计东西。

姚雪垠取这首诗的意境，将笔名定为"雪痕"。他的父亲看见这一笔名后说："你这个笔名中，有一个字不吉利，要将'痕'字换成'垠'字才好。以后改用'雪垠'作笔名吧！"姚雪垠的名字即由此而来。他的原名姚冠三，则知者甚少。

姚雪垠在河南民报副刊发表的处女作《两个孤坟》（1929年）

二十一

　　姚雪垠在河南大学就读期间，因为没有生活来源，日子十分艰难，常常吃不饱。有时为着省钱，他买一个甜瓜回来，连皮吃下去充饥。有时候，实在无钱买东西吃，他在黄昏时分，就一人独自坐在开封街边，幻想有人丢个钱包，让他拾到维持几天生活。时间长了，由于营养不良，他的身体虚弱，常常蹲下就头晕，睡下起不来。

　　姚雪垠一有空就到学校图书馆读书，如饥似渴地汲取知识。有两本书，给姚雪垠留下了深刻的印象。一本是郭沫若的《中国古代社会研究》，他读后，在这本书的封面上写下"心爱的书"4个大字。另外一本是梁启超的《清代学术概论》。他说："前代学者们的那种实事求是的严肃态度和勤于

河南大学的老校门

收集资料，以众多经过推敲辨析的资料为基础，以老老实实的态度论证问题，然后得出结论的治学方法，使我非常佩服。"

二十二

在河南大学法学院预科的两年期间，姚雪垠一直是一个"不安分"的学生。这一时期，他阅读了介绍马列主义理论的书籍，接受进步思想，加入"反帝大同盟"，积极参加中共开封地下市委领导的学生运动，他经常在"飞行集会"上，向工人和市民宣传革命道理，散发传单，结果在入学一年后，他就遭到了国民党特务的监视。

20世纪30年代开封的学生运动

　　1930年暑假的一天晚上，姚雪垠正在学生宿舍睡觉，突然几个军人闯进宿舍，用绳子将他绑上抓走，因为他经历过许多生死，所以对死并不害怕。他边走边想："如果一两天内要枪毙我，临死前我要喊什么口号；如果不枪毙，以后我要写一篇题为《被捕前后》的小说。"不久，因查无证据，被关了4天后取保释放。姚雪垠仍继续投身学潮，所以在一年以后，他被学校以"思想错误，言行荒谬"为由开除。

　　姚雪垠报考河南大学法学院预科，是幻想将来做一个政治家。他上学之后，才发现自己的特长和兴趣全在历史和写小说方面，所以，他就在历史和文学方面下了更多的功夫，憧憬未来成为一位历史学家，而最终没有走上政治家的道路。

二十三

姚雪垠曾跟同班的一个姓梁的女同学很要好。同学们经常在黑板上写"姚"字时，故意把右边的那个勾拖得很长，然后再写那个女同学的姓，把"梁"字包在"姚"字里边。姚雪垠对这位女同学很有感情，为此，还写了一篇题为《心里开花》的短篇小说。此时的他是单相思，不敢当面表白，而且一见到她就心里发慌，面红耳赤。那位女同学虽然喜欢姚雪垠，但没有勇气主动表白。后来，当这位女同学听到姚雪垠结婚的消息，后悔不已，大哭一场。

姚雪垠晚年回忆说，这篇《心里开花》小说大量采用心理描写，写得很美，可惜让我烧掉了，没有保存下来。

二十四

1930年，姚雪垠被开封军警逮捕之后，他的同乡王庚先出面保释，才使他回到学校。王庚先早年留学日本，参加过孙中山的同盟会，是辛亥革命的参加者，是当时河南乃至全国的知名人士。为了向王老先生请教学问，在此之前姚雪垠曾去过他家两次，王老先生对这位青年同乡厚爱有加。

王庚先（字叶三）像

有一天，为王庚先办事的刘先生来找姚雪垠，对他说："王老先生两口子认为你相貌英俊，聪明好学，才华出众。他们二老看中你了，愿将他们的女儿嫁给你，做他们家的乘龙快婿。要我亲自来问问你愿意不愿意？他女儿名叫王梅彩，年方17岁，眼下在北平翊教女子中学读书。这是她的地址，王老先生说，你可以给她写信。"姚雪垠大喜。

二十五

1930年寒假，王梅彩从北平回到开封，王庚先通知姚雪垠到王家同他女儿见面。当时姚雪垠听说还有别人正在追求王梅彩，因此，他得到通知后，立即叫了一辆黄包车赶去，由于心急火燎，跑得太快，黄包车在路上还翻了一次。

1931年，姚雪垠结婚。婚后几年，直到1937年北平沦陷，姚雪垠先后4次来到北平，都住在沙滩一带，因为这里离北平图书馆近。他每天从早晨开馆到晚上9点闭馆，都在那里

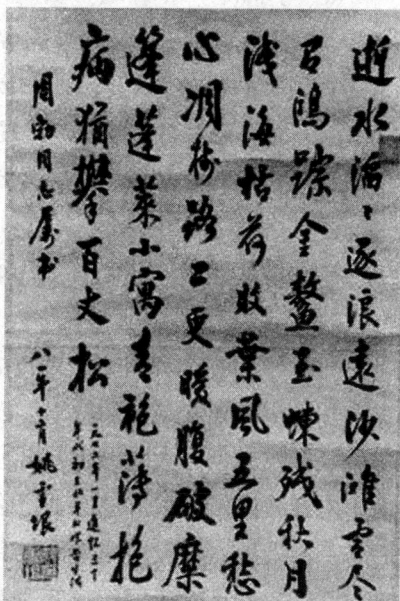

姚雪垠晚年为友人书写的条幅，回忆20世纪30年代在北平艰苦的读书与写作生活

大量阅读各种书籍，边读边做笔记。中午饿了，就吃一个事先带来的烧饼充饥；渴了，就喝图书馆提供的开水，日子过得很清苦。

他后来回忆说："我印象最深的是深秋之夜，冷月悬空，行人稀少，站在月下冷冷清清的连接北海与中南海的金鳌玉蛛桥上，常不免想到下月住公寓的钱如何解决，冬衣如何解决，今后长此下去，如何养家糊口等等迫切的生活问题，心中暗暗发愁。"

时隔半个世纪后的1972年，姚雪垠作诗回忆了这段艰苦日子：

> 逝水滔滔逐浪远，沙滩雪尽有鸿踪。
> 金鳌玉蛛残秋月，浅海枯荷败叶风。
> 五里愁心凋树路，二更暖腹破糜篷。
> 蓬莱小寓青袍薄，抱病犹攀百丈松。

二十六

1932年的春季和秋季，姚雪垠先后到豫北内黄县的楚旺中学和信阳义光女子中学教书。1933年他和王国权（原名康午生）等友人创办大陆书店，出版刊物《今日》《大陆文艺》。由于内容激进，《大陆文艺》刚出第二期便被查封，还抓走了一名工作人员，姚雪垠和王国权只好出走避难。他先到河南巩县（今巩义市）王国权家躲避一个月，然后到北平继续过艰苦的读书自学和写作日子。

姚雪垠和王国权创办的《今日》和《大陆文艺》杂志

二十七

姚雪垠对李自成这个明末农民起义领袖的关注，始于1931年。他在开封的河南省图书馆，第一次看到有关李自成3次进攻开封的记载：李光璧的《守汴日志》和周在浚的《大梁守城记》，最早接触了创作长篇历史小说《李自成》的史料。

二十八

1934年冬天，由于长期用功过度，生活穷困，营养不良，姚雪垠得了肺结核。这种病在当时没有特效药可治，死亡率很高。24岁的姚雪垠患病后，既无钱治疗，又不能躺下休息，贫病交加几乎使他走上绝境，这一时期，他每隔一段时间，就大口大口吐血。在这种情况下，姚雪垠只好离开北平回河南养病。

病中的姚雪垠仍然十分用功，夏天，全家都在小院里乘凉，晚上也睡在院中，但无论妻子和岳母如何叫他出来乘凉、休息，他都守在小屋中，一边咳嗽，一边汗流浃背地在煤油灯下学习；同时，不断用扇子拍打叮在身上的蚊子。冬天，姚雪垠没有大衣，更没有皮袄，他只能在屋里披条被子，一边咳嗽，一边坐在桌边读书或写作，他常常因手冷发僵而不得不停下正在撰写的文章。

姚雪垠晚年回忆说："我当时有两种想法：第一，纵然我活不久，也要努力在死亡之前做出一点成绩；第二，倘若我能够战胜病魔，我为着一生抱负，不应该为怕死而虚度青春，应该在二十几岁时为一生的事业打好基础。"

两三年后，姚雪垠的肺结核竟然"糊里糊涂好啦"。他晚年回想："我认为这可能与我的性格开朗、顽强，不无关系。"

二十九

1937年5月，姚雪垠偕妻子王梅彩再次来到北平，计划写一部长篇小说《五月的鲜花》。但刚过一个多月，卢沟桥事变爆发，姚雪垠先让妻子回河南老家邓县，自己留下打算参加北平保卫战。他被日本人在北平办的日文报纸点了名，说他是北平文艺界的抗日分子。为了逃避日本人对他的逮捕，他开始不刮脸，留下胡须，化装成商人。8月8日，日本侵略军开进北平城，这天一大早，姚雪垠和他的同乡乘火车逃往天津，然后经山东辗转回到开封。

时隔20年后，姚雪垠在散文《卢沟桥礼赞》中回忆卢沟桥事变次日北平的情景：

　　这天上午，不仅仅是住在北京城的人们的心沸腾起来，而且是在全国各地，只要是看见报纸和听到广播的地方，人们的心都沸腾起来。最近，有一位朋友同我谈起七七事变，他说他那时是一个20岁的失业青年，住在汉口的小旅馆中。早晨看了报纸上的消息，他猛地在桌上捶了一拳，热泪忍不住奔流下来。这天早晨，他吃不下早点，满街乱跑，听

1937年抗战爆发前夕三友分别时合影。右起：梁雷、姚雪垠、赵伊坪，后排为杞县大同中学学生。1938年、1939年梁雷、赵伊坪先后壮烈殉国于抗日前线。不久，学生邵世忠（后排中）也牺牲于抗日战场。2015年，在纪念抗战胜利70周年之际，梁雷、赵伊坪被列入国家第二批抗日英烈名单

卢沟桥上的中国军队英勇抗击日本侵略者

　　街上人们纷纷议论，而且每到一个街头，他总要停下来，挤在读报的人堆背后，听人们读报纸，听人们高声谈话和窃窃私议。一个月后，他终于找到机会，奔上抗日的前线了。

　　那时候，我们住在北平的青年，都怀着烈火一般的爱国热情，希望能够到卢沟桥去，去做慰劳和救护工作，去做一切支援工作，去同前线的战士们一起用鲜血保卫祖国的每寸土地。

三十

　　姚雪垠从北平回到省会开封后，原打算去延安，但在街上邂逅地下党员王阑西，王阑西劝他留在河南参加抗战。1937年9月，姚雪垠与王阑西、嵇文甫、范文澜创办了一个宣传抗日救亡的杂志《风雨》周刊，并担任主编。《风雨》周刊当时在中原乃至全国产生很大影响。1938年，台儿庄战

左图：1937年"七七事变"后北平沦陷，姚雪垠上日文报纸抗日分子的黑名单，他留须化装成商人，逃离北平

右图：姚雪垠从北平回到开封后，与王阑西、嵇文甫、范文澜创办的《风雨》周刊，并任主编

役胜利后，他赶赴徐州前线等地进行战地采访，写出了书信体报告文学《战地书简》等作品。

1938年初夏，姚雪垠在武汉写出短篇小说《差半车麦秸》，朋友办的刊物嫌其语言太"土"而退稿，他于是寄给茅盾在香港主编的《文艺阵地》。小说发表后茅盾给予高度评价，在文坛产生很大反响，被誉为抗战文学的杰作。

三十一

1938年7月底，姚雪垠与袁宝华出席在舞阳召开的河南青年救亡协会成立大会，他为大会起草了《河南青年救亡协会宣言》，宣言发表在重庆的《新华时报》上。这个协会的

姚雪垠（右二）在徐州前线采访于学忠将军（中）（1938年）

总会设在洛阳，在南阳成立执行部，姚雪垠被指定为这个执行部的负责人。会后，他就来到南阳开展抗日救亡工作。那时武汉的国民党已经取缔了青年救亡协会等3个抗日救亡团体，南阳有人放出话来，只要鼓吹抗日救亡的姚雪垠一回到邓县，民团就要暗杀他。

三十二

邓县有一个暗娼，外号叫"冠团长"，她在陪一位民团嫖客喝酒时，那个男人说："前天，我们民团活埋了9个人，现在他们又让我去杀死你对门住的姚雪垠，可是姚雪垠不经常在家，叫我到哪里去找他？"这位因生活所迫堕入风尘的女人，心地并不坏。第二天一早，那位嫖客走了之后，她赶忙跑到姚家，把民团要暗杀姚雪垠的消息告诉了姚的岳母。姚雪垠闻讯后，当即逃离邓县。

三十三

　　1938年冬，姚雪垠应邀参加鄂北襄阳国共合作的五战区文化工作委员会的工作，该会聚集一大批共产党员和进步文化人。他和臧克家在均县创建抗协分会，并在抗日文化工作讲习班讲授"唯物辩证法"这一哲学课程。他还常到附近的军训团和中学作大报告。28岁的他，竟把这门深奥难懂的课讲得明白易懂，引起了人们的极大兴趣。这一锻炼，对提高姚雪垠在小说创作中的思维能力产生了重要作用。

　　抗日文化讲习班开办不久，国民党掀起反共高潮，均县抗协被解散，讲习班停办。一天晚上，姚雪垠和臧克家一行乘船去襄阳，很多学员、中学生和青年军人打着火把，到丹江边送行。船渐渐远去，一些学员仍在大声喊："姚先生，

四作家合影于鄂北老河口郊外，左起：碧野、姚雪垠、臧克家、田间（1939年）

你一定要把讲义写出来，将来有机会还要给我们讲辩证法！"

三十四

1939 年春天，在湖北襄阳，姚雪垠开始产生创作救亡题材《春暖花开的时候》的念头，并且整天如痴如醉地构思小说中的人物和故事情节。他与胡绳等人常常在一起探讨女性的特点及其在文学作品中的表现，为了议论方便，姚雪垠把书中的 3 个少女典型称为太阳、月亮、星星。由于他对少女性格的研究有独到的见解，大家称他是"少女心灵的探索者"。这一探索，促使他很快写出了轰动一时的长篇小说《春暖花开的时候》。

三十五

1941 年春天，姚雪垠把中篇小说《牛全德与红萝卜》寄到重庆的《抗战文艺》，由于印刷厂遭到日本飞机的轰炸，稿子和房子差点同归于尽。当解除空袭警报之后，编辑部的人们从废墟中找到稿子时，发现中间缺了若干页，因邮路困难，一时无法与作者取得联系，编辑部只好加上按语，以残稿发表出来。后来该小说出版单行本时，姚雪垠才将残缺的部分补上。

《牛全德与红萝卜》与《差半车麦秸》一样，语言都是中原一带的大众口语，质朴、生动、形象、简练。小说中的两个农民出身的游击队员形象的成功塑造，就得益于乡土语言的运用，而受到读者的欢迎。

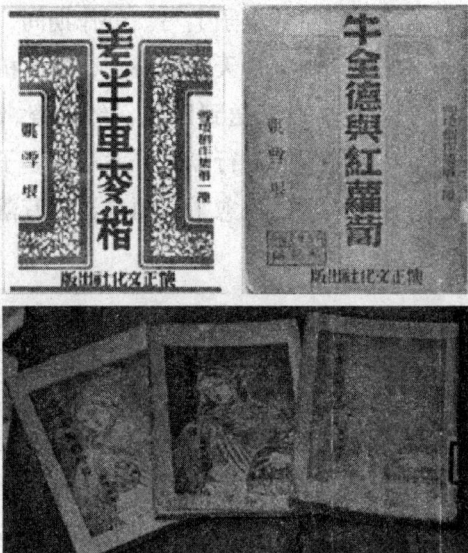

抗战时期姚雪垠的小说代表作:《差半车麦
秸》(短篇小说)、《牛全德与红萝卜》(中篇小
说)、《春暖花开的时候》(长篇小说)

　　1942年中共中央召开"延安文艺座谈会",毛泽东发表
重要讲话,提出文艺为人民大众首先为工农兵服务的方针。
学者说,《差半车麦秸》问世于1938年,较延安文艺座谈会
讲话早了4年。

三十六

　　姚雪垠在写作《春暖花开的时候》和《牛全德与红萝
卜》小说的日子里,曾不断遇到日寇飞机对老河口进行狂轰
滥炸,他一边在郊外躲空袭,一边进行写作。飞机一来,他
赶快卷起稿纸,躲进麦地或胡豆地里;飞机一去,他拍一拍

身上的泥土，继续在矮小的桌子上写。创作期间，又遇上他出天花，吃药不见效，加上每天往野外跑，躲飞机，发热吹风，身上出满了天花。后来送到医院，经检查，已十分危险，就把他放在一个停尸间进行隔离。幸亏有妻子和妻妹王西玲的精心照料，不久竟然痊愈了，而且还没有落下疤痕等后遗症。

三十七

姚雪垠在鄂豫皖战区从事抗日文化工作长达5年之久，参加"笔部队"深入前线进行采访，写出一批战地通讯、报告文学、杂文、散文、时评和小说，产生广泛影响。有一次

左图：姚雪垠在鄂北前线给青年军官周鸣岐的题字（1942年）
右图：周鸣岐从台湾回大陆探亲时专程去邓州参观姚雪垠文学馆（2006年）

姚雪垠去前线，一青年军官慕名请他题词，他写下：

　文学家应该同时是思想家，又是人道主义者，他看得远，看得深，看得正确，他必须有良心，有热情，有正义感。

　鸣岐小弟　姚雪垠　卅一年十二月初

在纪念抗战胜利60周年之际，中国作家协会向姚雪垠颁发的纪念牌

这位青年军人后来到了台湾，一直把题词珍藏在身边。20世纪90年代他回大陆探亲，专程到北京探望已患病的姚雪垠。后来又赴邓州，参观刚建起的姚雪垠文学馆。之后，已年过八旬的周鸣岐（季）老人来京，将这幅题词交给姚海天收藏。

三十八

1943 年，延安搞抢救运动，扩大化，有人被整得胡乱揭发，说姚雪垠是国民党特务，为此，中国共产党办的《新华日报》和党领导的新知·生活·读书书店，完全停止了对他的作品宣传和销售。姚雪垠不解其意，找到重庆地下党具体负责文艺工作的叶以群。

叶以群安排徐冰找他谈话："姚雪垠同志，事情是这样的：近来，我们收到从延安来的一份电报，不是专门为你发的，还谈了其他事情。但其中也谈到了你的事情。有人说，你姚雪垠与国民党特务有关，怀疑你是国民党特务。党组织对这件事情很重视，为此，我们有责任把你的问题搞清楚。所以，现在暂时停止了对你和你的作品的宣传和销售。"姚雪垠听后，火冒三丈："这完全是有意陷害，我与国民党特务毫无关系！"他说着说着，便气得哭了起来。

姚雪垠"国民党特务事件"很快得到澄清，徐冰和新华日报社社长潘梓年，请姚雪垠到重庆八路军办事处吃饭。徐冰说："姚雪垠同志，今天，我代表重庆地下党正式通知你，你的事情搞清楚了，没有问题。我们党仍像过去一样对待你、信任你。"姚雪垠说："这样平白无故，对我进行政治陷害，真是岂有此理，我一定要到延安去追查，看是何人所为？不搞出个结果来，决不罢休！"潘梓年社长说："是我们《新华日报》首先在广告中删掉了你的名字，这种做法不对，我向你道歉！来，为我们今后的共同合作干杯！"

之后，姚雪垠一篇《需要批评》的杂文受到周恩来的称赞，并作为新华日报社的整风学习材料。

三十九

1947年1月，姚雪垠从四川回到家乡邓县小住。不久到上海，出版了耗时一年多完成的《长夜》。小说真实地反映了20世纪二三十年代河南农村崩溃、民不聊生、土匪蜂起的

河南逃难的灾民（1942年）

情景。姚雪垠在谈创作《长夜》时这样写道：

> 我的家乡因为匪乱日久，老百姓或死或逃，有许多村落人烟断绝，土地荒芜。没有人种庄稼，土匪也没法生存，有的转往别处，有的占据一处村寨，修筑碉楼自守，而在他们盘踞的地方有百姓从事耕作。他们靠这些百姓获得粮食，他们也保护这些百姓不受别的土匪来奸掳烧杀。1931年前后，邓县从西乡到南乡，望不到边的荒草，据河南省的报纸报道，估计荒地有4万顷。而茫茫荒区中偶尔点缀着尚有人烟的村寨，便是土匪所盘踞的地方。不记得是哪一年的秋天，我从北平回去，特别到荒区看看。荒草是那么深，有的漫过大腿，有的齐胸深。野鸡兔子成群，野猪也有，狼也不少。在荒草中有一些很窄的小路，据说是成群的兔子跑成的小

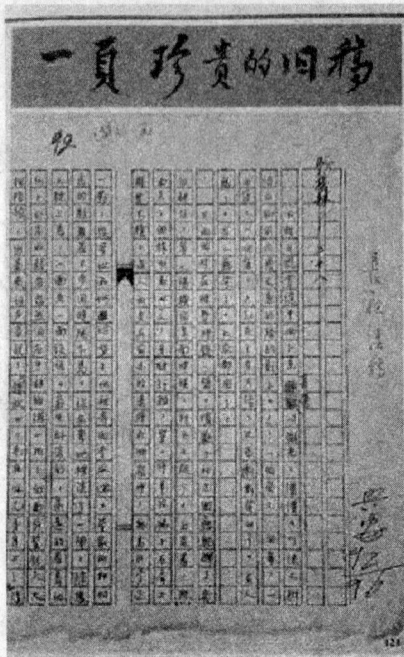

《长夜》仅存的一页书稿

路。1938 年，国民党在郑州花园口掘了黄河之后，在邓县设立垦荒办事处，将一部分从黄泛区逃出来的难民安置在邓县西南乡一个叫作戴岗的地方进行垦荒。

……

从清末到民国十年以后，农村迅速崩溃，大批农民不能生活下去，而城市没有工业可以容纳走投无路的农民，摆在农民面前的只有三条路：吃粮当兵、当土匪和逃荒。

四十

1944 年，为解决生计问题，姚雪垠从重庆到三台东北大学任教。1945 年夏天，姚雪垠来到成都，住在东方书社。一天晚上，东方书社的经理请客，叶圣陶等七八个人应邀赴宴。朋友们围坐在桌子周围，一边摇着扇子喝茶，一边听姚雪垠谈他 100 天土匪生活的经历，他一口气谈了两个小时，大家完全被他的故事所吸引。叶圣陶说："真是太动人了！你一定要把它写出来，不然会后悔一辈子。"《长夜》这部小说就是在这个情况下开始动笔写作的。

1947年《长夜》在上海出版，只印了2000册，且解放战争已开始，没有引起读者的注意。"文革"结束后《长夜》多次再版，开始受到评论界的关注。《中国大百科全书·文学卷》"姚雪垠词条"这样评价《长夜》：

> 《长夜》以20年代军阀混战时豫西山区农村为背景，描写了李水沫这支土匪队伍的传奇式的生活，塑造了一些有血有肉的"强人"形象，真实有力地揭示出许多农民在破产和饥饿的绝境中沦为盗贼的社会根源，同时也表现了他们身上蕴藏着反抗恶势力的巨大潜在力量。像《长夜》这样以写实主义笔法真实描写绿林人物和绿林生活的长篇小说，是"五四"以后的新文学中绝无仅有的。此书译为法文后，姚雪垠被授予马赛纪念勋章。他的小说从早年起就透露出一种强悍的气质，1929年发表的《强儿》，刻画一种坚强的性格；30年代中期写的若干作品也多次写到一些敢作敢为的人物。把一批"强人"形象送进新文学的画廊，发掘和表现强悍的美，是姚雪垠对中国现代文学作出的一个独特贡献。

《长夜》除以上艺术成就外，还有两点应该指出：一是它与《李自成》有密切关联，从《李自成》的人物、语言、社会生活可以看到《长夜》的影子；二是在语言上有独特的成就，中原民间生动的口语、流畅的白话文和简练的散文交互运用。

四十一

1948年姚雪垠在上海出版《雪垠创作集》之后，解放战争正在进行，国民党面临崩溃，物价飞涨，上海市区租房需用金条。姚雪垠为解决栖身问题，只好到浦东高行农业学校当国文老师。1949年5月上海解放，他即到著名的私立大夏大学任教。但是，在他晚年的回忆录中，从来不提他在浦东高行这段经历，并且成了他一块心病。

原来，上海解放前夕，地下党十分活跃，开展各种地下斗争，迎接上海解放。姚雪垠与江北派来的党员一起，冒着生命危险投身地下活动。新中国成立后，其地下活动得到上海军管会的承认。后来由于当时复杂的历史原因，姚雪垠所在地下组织受到怀疑甚至被诬陷，地下革命活动反而成了污点。姚雪垠去世后，他的儿子姚海天才从他当年所在农校的知情学生中获悉，冤案早已平反。他的学生误以为姚老师早已知悉而未告知，而让老师生前一直背着历史包袱而深感内疚。

现在，当时的浦东农校已更名为高行中学，并且由姚雪垠题写校名。学校展室中还展有姚雪垠当年在学校的教学情况和从事地下活动的事迹。学校为曾有著名作家任教而引以为荣。

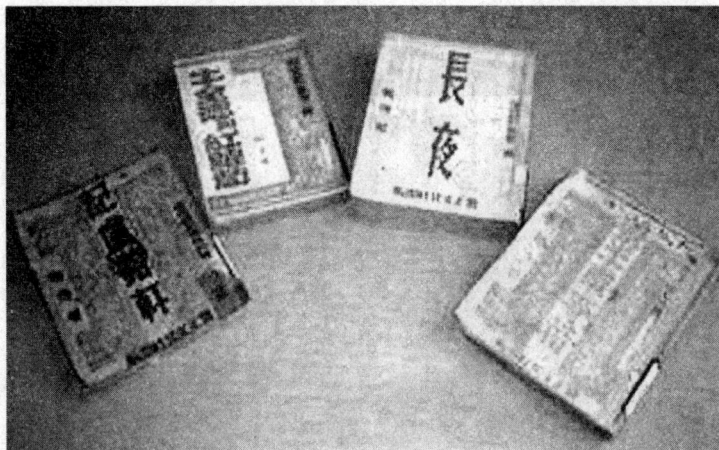

1948年在上海出版的包括《长夜》《牛全德与红萝卜》《差半车麦秸》《记卢镕轩》的《雪垠创作集》

四十二

上海解放不久，姚雪垠应聘担任大夏大学教授，兼副教务长和代理文学院院长。后来，他随上海大学教师土改队去浙东工作了一个时期，他在宁波、余姚等地帮助进行土改，但却听不懂那里群众讲的话，处处都要有人来替他翻译、解释。这种情形，不仅极大地限制了他对那里风土人情、历史背景、语言特色的充分了解，而且直接影响着他深入生活，挖掘素材，进行创作。这种情况，促使他在1952年全国大学大调整之前，于1951年下定决心辞去待遇优厚的大学教职回河南家乡，当一名专业作家。他路过南京时，南京大学中文系主任方光焘极力挽留他留下任教，并且开出半年教书半年写作的条件，但姚雪垠去意已定，很快回到河南家乡，以实现他的创作计划。

姚雪垠（中）与大夏大学文学院师生合影（1950年）

四十三

姚雪垠认为，要做一个较有成就的作家，一定要具备5个方面的条件：（1）必须有进步的思想。（2）必须关心现实，充满正义感，而能在困难条件下不追随俗流，人云亦云。（3）必须有丰富的生活阅历，对生活的知识愈深广愈好，不应局限于一点。（4）必须在写作上不断提高，精益求精，到死方休。（5）必须利用一切机会读书，提高自己的学问修养。

四十四

姚雪垠回到当时河南省会开封后，经常逛地摊找旧书看，在生活困难的情况下，省下钱买了一些线装书。当时省文联的一位领导得知后大为不满："雪垠同志，你的肚子里装的封建东西太多了，成了你沉重的包袱。因此，我劝你不要再去逛旧书摊，要同线装书决裂。你应该明白，现在是新中国，我们只要能够将《干部必读》

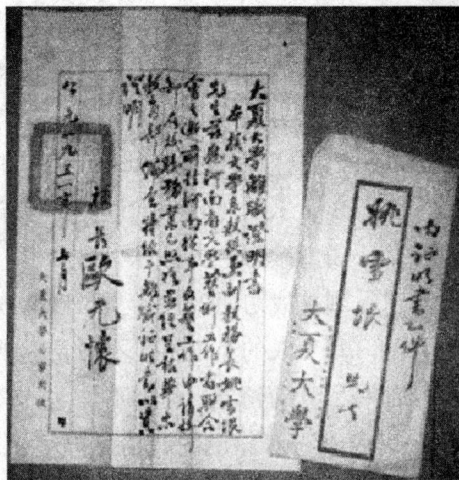

姚雪垠辞去教职回河南的证明信

读完就够了。"姚雪垠听后哭笑不得。

当时省文联的个别领导，经常要求姚雪垠写为政治服务、为工农兵看的短小作品，并宣称"写短小的通俗作品也可以产生托尔斯泰"，他批评姚雪垠"不肯为群众雪中送炭"。在当时的环境下，姚雪垠虽然也写一些反映农村生活的小文章发表在省文联主办的《翻身文艺》上，但他坚辞上海教职回到家乡。怀揣的"农村三部曲"——《黄昏》《黎明》不能写作，已出版的《长夜》也不能修改，从而使"三部曲"梦断开封。

四十五

1953年夏天，中南作家协会成立，姚雪垠即由河南调到武汉中南作协任驻会作家。此时，他正根据河南省新乡面粉厂三代工人的生活经历，写作《白杨树》，反映我国20世纪二三十年代民族工业的兴起、发展和衰落的历史变迁。他长期在面粉厂体验生活，进行创作。到1955年已经写了20万字。就在这时，姚雪垠被叫回武汉参加政治运动。

一位负责人对他说："姚雪垠同志，我坚决反对你把这部长篇小说继续写下去！你写这个工厂从第一次世界大战期间建厂，到抗战初期20多年里，没有写共产党的领导，这是不行的。写工人的小说不能不写党的领导。你即使在小说的后半部写了党的领导，但你不是党员，也写不好。这个意见是我代表组织对你说的，请你停笔！"姚雪垠气愤地回应："我不是党员就不能写好党的领导？！"

"他坚持他的意见，我坚持我的意见，互不相让，争吵起来。这一次事件发生之后，我确实十分痛心和愤慨。我想不通，一怒之下，噙着眼泪将稿子撕毁，烧了。这是在暴怒之下做出的一大错事，永留后悔。"姚雪垠晚年回忆说。

性格决定命运，姚雪垠倔强的性格，

姚雪垠在武汉（1954年）

使他的人生和创作屡遭坎坷挫折。

四十六

姚雪垠自从回到河南以至湖北以来，他深深陷入了创作的苦闷之中，加上常年刻苦读书和写作，用脑过度，睡眠不足，使他患了头晕病，逐渐加重，走起路来总是感到像腾云驾雾一样，经常摔倒在地上。约有5年的时间，他没有写出真正有价值的作品。一生自强不息、满怀抱负的姚雪垠，常常在走路或坐在家里时，自言自语地发出哀叹："完了，完了！我这一辈子算完了！"

四十七

1956年秋，姚雪垠到太湖之滨的无锡疗养。一次，他到闻名的"天下第二泉"的惠山喝茶，触景生情，有感而发，很快写出一篇不长的散文《惠泉吃茶记》。姚雪垠说：我这篇小散文的主题思想是很清楚的，即提倡实事求是地独立思考，反对迷信盲从、人云亦云、跟着起哄。我利用我国有些古典散文中带有幽默感和笔墨摇曳多姿的传统，一层一层地戳破并讥讽盲从"权威"的可笑。如果说有几段的文字还略讲含蓄，但像下边的一段文字就并不讲究含蓄：

　　惠山因泉而出名，泉因陆羽而出名。现在因慕名而来惠泉吃茶的人们，恐怕大部分不知道陆羽是谁。按理说，陆羽所尝的水远没有一位率领勘察队

无锡惠山天下第二泉

　　的水利专家或地质工程师所尝过的水多，陆羽没有
充分的根据就把天下（全中国）泉水评定甲乙，实
在有点狂妄。这道理很简单，但大家偏不去想。未
欣赏惠泉茶的人们不但不需要知道别的，不需要动
脑筋想一想，甚至连自己的视觉、嗅觉、味觉都不
必用，不必分辨惠泉茶的色、香、味，吃过后跟大
家喝彩就得了，保险不会遭到讥笑和非难。

　　像这样反对迷信盲从的主题思想，在那个时代的氛围
下，是不折不扣的异端思想。

四十八

　　1957 年春天，毛泽东听取有关人士对全国文艺界情况的
汇报。当他听完周扬和茅盾的发言之后，突然问道："前不

1958年的《新观察》

久，一位名为姚雪垠的作者在《新观察》上发表了一篇散文，题目叫《惠泉吃茶记》，你们看过没有？我建议你们去找来看看。这篇文章写得很好，很讲求艺术技巧。但他的文章也有毛病，阅后给人一种'众人皆醉我独醒'的感觉。恐怕作者有知识分子的清高吧！"

过了不久，毛泽东听取新闻界人士汇报情况的时候，对《大公报》《文汇报》的负责人储安平、徐铸成等又一次谈到姚雪垠写的《惠泉吃茶记》。很快，这一消息传开，文化界、新闻界知名人士，都纷纷找来1957年第1期《新观察》阅读。

四十九

1957年10月，姚雪垠响应号召，帮助党整风，因发表

了《谈打破清规戒律》《打开窗户说亮话》等文章，和在座
谈会上的发言，为此在反右运动中受到激烈批斗后，被戴上
了"极右派"的帽子，他的工资被取消，改为每月只发90元
的生活费。1958年秋天，经中共湖北省委批准，正式宣布：
"姚雪垠向党猖狂进攻，经上级批准，划为'极右派'分
子，下放监督劳动改造。外部问题做内部处理，生活上给他
一碗饭吃，留作反面教员。铲除这棵毒草，化为肥料，壮大
香花。今后他不能再出书，也不能发表文章，只能在群众监
督下老老实实改造，重新做人。右派分子都是很猖狂的，自
认很有知识，有学问，可以同共产党较量。其实将他们打倒
以后，地球照样转动，太阳照样从东边出来！"

五十

　　姚雪垠因被划"极右派"而痛哭很多次，并严重失眠，
他说："我这一生完了，一切追求和梦想都完了。"他的左眼
哭得又红又肿，疼痛难忍。右眼出现一个深深的黑圈，陷入
眼眶。仅仅几个月时间，他一下子消瘦和衰老了许多。他到
医院就诊，医生一看病历上姚雪垠的名字，知道他是被报纸
点名，已经被批倒批臭、定案戴帽的"极右派"，便态度冷
淡，爱理不理。

　　有一次，姚雪垠去看病，一位医生不敢认真诊疗他的眼
疾，怕别人说他同情"右派"，立场不稳。于是就马马虎虎
检查一下，板着面孔说："你这是青光眼。"姚雪垠问："有
办法治吗？"医生说："没有办法，只好过几年失明。"他听
后绝望至极，在精神上又遭到一次无情打击。

五十一

在反右运动中，有的人因被划为"右派"而自缢，有的人投江。姚雪垠在度过一段悲痛绝望和激烈的思想斗争的短暂日子后，他下决心不但不自杀、不消沉，而是用古人的榜样和精神激励着自己。

在困境中，姚雪垠也常用司马迁的话来激励自己："昔西伯拘而演《周易》；孔子厄而作《春秋》；屈原放逐，乃赋《离骚》；左丘失明，厥有《国语》；孙子膑脚，兵法修列；不韦迁蜀，世传《吕览》；韩非囚秦，《说难》《孤愤》；《诗》三百篇，大抵贤圣发愤之所为作也。此人皆意有所郁结，不得通其道，故述往事，思来者。"他决定向古人学习，开始偷偷创作长篇历史小说《李自成》，不达目的，誓不罢休！

他当时想赶快将稿子写出来，保存下来，即使生前不能出版，死后由后人交给国家，仍然能够为祖国的文学事业做自己的贡献。他时常在心中背诵《孟子》的一段话："故天将降大任于斯人也，必先苦其心志，劳其筋骨，饿其体肤，空乏其身，行拂乱其所为，所以动心忍性，增益其所不能。"他每次背诵一遍，都受到很大的鼓励，下定决心要使自己在灭顶之灾中坚强地站立起来，不能倒下。

五十二

为使写作能够秘密地顺利进行，姚雪垠想出了一个好办法，他买了一个活页夹，将活页纸放进去，写完一张可以取

"反右"中，姚雪垠用此活页夹作掩护写作《李自成》

出来保存一张，起到保密作用。

他被批斗以后，住的是一楼的房间，紧靠院子的大门，房门上又没有插销，门无法关严，只要从院子里路过的人推门进来，就可以完全看到他"闭门思过"的情形。每当听到有脚步声走进院门，他便赶快合上活页夹，将两手搁在床上，坐着"思过"。等进来的人上楼，他便重新打开活页夹，继续往下写。

姚雪垠晚年回忆说："我常常一边写一边哭，有时哭得不能写下去，我只好停顿下来，等胸中略微平静时继续写。可以说《李自成》是用眼泪写出来的。"1961年他在第一卷初稿整理完毕后，写了一组旧体诗抒怀，其中有"三百年前悲壮史，豪情和泪著新篇"的诗句。

从1957年10月下旬开始，到1958年8月下放农场监督劳动以前，在不到10个月的时间里，姚雪垠克服手头没有资料，既不能到图书馆借书又不能同任何人交谈等困难，他不仅以神奇的速度写出了《李自成》第一卷30多万字的草稿，而且将第二卷也写出了一部分。这为1963年《李自成》第一卷的出版和以后创作《李自成》全书奠定了成功的基础。

姚雪垠说："尽管草稿十分粗糙，但当时倘若不抢出来这部分草稿，随后时过境迁，未必会有机会写了。"

五十三

1958年8月下旬，姚雪垠同其他一批"右派分子"被下放到汉口郊区的东西湖农场监督劳动。每当从事轻微或简单的重复劳动时，如锄地、薅草、看瓜田等，他就一边干活一边进行小说构思；每天出工或收工的路上，他也从不放过；到了中午或晚上，当别人休息的时候，他便忍着一天的疲劳，将在田间和路上精彩的艺术构思，赶快记在日记本上，以免遗忘。

姚雪垠写"日记"，早已引起了监管人员的怀疑。一天晚上，当他正在蚊帐里用手电照着写作时，两位监管的干部突然来到他的床铺前，强行把"日记"拿走，第二天下午，召开批斗大会。

那位监管他的头头说："在我们这里，有的'右派分子'，非常猖狂，姚雪垠就是如此。他来农场后一直不老老实实低头认罪，进行脱胎换骨的改造，反而打着写日记的幌子，欺骗党和人民，在日记上进行反党活动，又写起他的小说来了。"此后，姚雪垠被取消了记"日记"的权利，同时不再让他留在大田劳动，而把他调到挑砖头、挑塘泥等劳动强度大的地方去改造。那些监管他的人说："这下，看他姚雪垠还写不写'日记'！"

姚雪垠在回忆录《学习追求五十年》中这样写道："我

这个人，一生经过许多风浪，挨过许多骂，直到错划为'极右派'，在精神上总是打不倒，也不改变我的追求。但是午饭后，往往一则由于我过于疲劳，二则我的心情往往受到侮辱性待遇而不能平静，所以不能写'日记'。但是我的午觉睡得很短，我只稍睡一阵，趁大家睡得正浓，又开始思考《李自成》和'日记'了。"

五十四

繁重的体力劳动可以剥夺他劳动时想问题的机会，但他在工余、路上、中午、晚上照样构思着《李自成》，而且充分利用每个月回汉口单位4天休假的时间，把他在平时想好的一切拼命写出来。长时间繁重的体力劳动，使姚雪垠患了严重的急性关节炎，疼痛无比，不仅根本不能再挑重物，就连走路也十分困难。监管人员见此情形，怕万一出了问题承担责任，便同意给他半个月的时间回市里医治。在"右派"

在东西湖农场和五七干校时构思《李自成》用的笔记本

同伴的帮助下，他拄
着双拐回到汉口。

姚雪垠回到市里
后，并没有马上去看
病，只希望自己的两
条腿真的永远瘸了。
这样，他就可以不再
去农场进行劳动改
造，就可以留在机关
看管茶炉或打扫厕
所，就可以用较多的
时间创作他的《李自
成》。主意下定以后，
他便忍着疼痛，抓紧

《姚雪垠下放东西湖琐忆》（周勃著）记
述了姚雪垠在"反右"中的苦难经历

时间整理稿子，在十多天的时间里，他的双腿竟神奇地未经
医治有了好转。

姚雪垠后来说："没有五七年被错划'右派'，也就可能
不会有《李自成》，从这一点说，也算是坏事变好事吧。"

"从我写出第一卷草稿到经过整理，变成比较完整的初
稿，所经过的道路是非常艰难的。假若没有发誓要为祖国贡
献力量的坚强信念和对一种艺术事业执着不放的追求，我在
从事《李自成》的写作上很难有所成就。"

五十五

1960年10月，姚雪垠被摘掉"右派"帽子，从农场回来

《姚雪垠回忆录》中记述了创作《李自成》的艰难岁月

后，工作单位由武汉作协转到了武汉市文联，处境有了好转。一天上午，姚雪垠正在院子里散步，单位领导程云告诉他有好消息：市委负责人表态，不仅市文联要支持他写作，宣传部也要支持，市委也要支持！不仅要从政策上给予支持，还要帮助解决一些写作中存在的具体困难。姚雪垠激动得热泪盈眶。

由于市领导的重视和支持，姚雪垠的写作条件大为改善。

1960年冬天，国家正处于三年困难时期，人们吃不饱饭，许多人浑身浮肿，患上肝炎。当时姚雪垠的家在开封，一个人整天吃食堂，生活更加不便和困难。武汉市委的领导，决定让他以写《王昭君》剧本的名义住进条件最好的高级宾馆，吃饱吃好，保证营养，安心写作。仅用半年多的时间，他就把《李自成》第一卷草稿整理成40多万字的初稿。他和戏剧家龚啸岚合作的《王昭君》剧本也顺利完成。

五十六

《李自成》一书为什么交给中国青年出版社出版？姚雪

垠说："中国青年出版社是共青团中央下属的出版社，在作风上有一股朝气，'官办'出版社的习气比较少一些。如果出版社不冷不热地向我要稿，稿子拿到后不紧不慢地处理，拖延一久，气候变化，《李自成》的出版前途就难说了。如果有人问我谁是《李自成》的伯乐，我只能回答说是江晓天。他是我在困难时期遇到的第一个知音。我将永远感激他！"

1962年时的姚雪垠，虽然屡经严重挫折，仍然充满自信和豪气

江晓天也说："《李自成》一卷稿从思想内容和艺术质量说，都是难得的上乘佳作，应该选用出版，否则太可惜了！但是做出这样的决断，对我来说是相当困难的，精神感受的压力是很大的。主要是作者和我这个编辑，当时在政治上都处于困难之中。"由此可见，当时出版社和责任编辑出版《李自成》是要冒很大风险的。

五十七

为慎重起见，《李自成》第一卷先排出几本毛样，分别送北京几位明史专家审阅。1962年国庆节刚过，姚雪垠赶到北京，在责任编辑江晓天的陪同下与明史专家、北京市副市长吴晗见面。吴晗说："我认为《李自成》第一卷是一部写得很好的书。写法完全符合历史实际。此外，这部作品语言也很好，写景、抒情都很生动，读来引人入胜，扣人心弦，使人放手不下。我就是在3天之内，一口气把它读完的。我认为《李自成》第一卷绝不在《水浒》之下，甚至比《水浒》还高。如果拿它同《三国演义》比较，我看它也超过了《三国演义》。因为罗贯中的作品既没有写生活，结构也不完整。"

这次会面两人兴致都很高，谈话真诚、直率，从吴晗家中谈到北京饭店。姚雪垠对吴晗说："我比罗贯中大约晚生600年，我所掌握的历史哲学他没有，我所掌握的长篇小说美学他没有，历史总在进化，超过《三国演义》是历史进化的结果，并非由于个人比古人聪明。"

吴晗对姚雪垠说："你说得很对，我很喜欢你的坦率和执着。当然你的作品也有一些问题，或者叫作不足之处，仍需作一些修改。首先，对内部民族关系处理问题，这是一个根本的原则问题。明清关系，汉满关系，绝不能写成是国与国之间的问题。比如，作品中写满入侵、明抗清，都不对。只能作为国内兄弟民族之间的关系、内部矛盾处理。"

五十八

关于《李自成》的篇幅问题，姚雪垠对吴晗说："我计划要写5卷，你认为如何？"吴晗说："我建议你只写3卷，像曹雪芹的《红楼梦》和托尔斯泰的《战争与和平》那样长就行了。不必写5卷。"

姚雪垠说:"一般来说,写长篇小说好像有一种规律,往往越写越松劲,到后来变成了强弩之末。所以你建议我写3卷是有道理的。"接着,他阐发了把《李自成》写成5卷的理由,并把《李自成》后4卷的主要内容简要地讲给吴晗和责任编辑江晓天听。特别是在谈到第五卷和尾声部分时,他完全进入了角色,饱含热泪,泣不成声,往往要停顿良久才能继续讲述。为此,吴晗也深深受到了感染,他听后激动地对姚雪垠说:"好!我赞成你写5卷的计划,就写5卷吧!""看来论明初史你不如我,论晚明史我不如你。"明史大家吴晗如此坦率。

姚雪垠对吴晗说:"我担心我的小说出版以后,可能有的历史学家不同意我在书中对有关历史问题的看法,他们从历史问题上写文章批评我的观点,使我陷入对有关历史问题的争论中,不能集中精力写小说。"吴晗用手将桌子一拍说:"你只管写下去,不必为此事担心。如果真有人从历史方面批评你,你不必管,我吴晗站出来替你打笔墨官司!"

吴晗在1964年

吴晗如此真诚坦率豪爽的话，使挨批挨整怕了的姚雪垠深受感动，放下心来。对几年后吴晗在"文革"中的不幸遭遇，姚雪垠深感痛惜。每当忆起他和吴晗这次会面畅谈的情景，总是十分感慨地说："吴晗是我创作《李自成》中遇到的一个知音……我将永远感激他，怀念他。"

五十九

中国青年出版社的文学编辑室主任阙道隆和责任编辑江晓天，从编辑的角度对《李自成》第一卷的稿子提了一些修改意见。姚雪垠听后说："不要说像我这样的普通作家，即便将曹雪芹和托尔斯泰找来，我也可以从他们的作品中挑出许多毛病。"阙道隆针锋相对地说："假若曹雪芹和托尔斯泰是当代作家，将稿子交给我们，我们也要对他们的稿子提出意见！因为这是我们文学编辑的责任！"姚雪垠听后开怀地笑起来，说："有道理！有道理！"阙道隆、江晓天也跟着笑起来，友好地结束了争论。这就是作者与编辑的关系。

从1962年10月上旬到次年1月中旬，经过百日苦战，姚雪垠终于将《李自成》第一卷又从头到尾改了一遍。当他把改好的稿子交给出版社、春节前夕返回武汉时，已筋疲力尽，甚至一看见钢笔就紧张、害怕，右手握笔的中指竟磨起了一层膙子。

他真想好好休息几天，把精力恢复过来，但他没有停下笔，在过春节的鞭炮声中又像往常一样半夜起床，投入《李自成》第二卷的创作中。

六十

　　1963年7月，《李自成》第一卷分上、下两册出版，首印10万册，很快脱销，全国一片好评。姚雪垠为了表示对毛主席的敬重，他一拿到样书，便同妻子到邮局给毛主席寄去一部。但他万万没有想到，呈送毛主席的这部书不仅没有石沉大海，而且还对他今后创作《李自成》产生了意想不到的作用。

　　中共中央中南局第一书记陶铸，看了姚雪垠送给他的《李自成》第一卷之后，还亲自推荐别人阅读。一次，他在广州会见夏衍时说："我发现最近有一本好书，你看过没有？是姚雪垠写的《李自成》第一卷。这本书写得很好，十分吸引人，我简直是一口气读完的，建议你也看一看。"

《李自成》第一卷插图本（1963年）

六十一

1966年"文化大革命"一开始，《李自成》就成了大批判的靶子，说它是"反党反社会主义的大毒草"，武汉地区的造反派、红卫兵把《李自成》列入了他们编印的"毒草一百种"材料中，名列第53位。机关大院有人贴出了长长的批判《李自成》的大字报，罗列大量罪名批它污蔑农民起义英雄李自成，美化地主阶级的总头子崇祯。

甚至在大街上还贴出了巨幅漫画：姚雪垠是牛头蛇身，身边放着一摞《李自成》。

1966年8月中旬的一天下午，在武汉东湖召开的中共中央政治局常委会议上，毛泽东对列席会议的中南局代理书记、中共湖北省委第一书记、"中央文革领导小组"副组长王任重说："任重同志，我想起了一件事情，要你去办！

姚雪垠（中）与同事利用五七干校假日赴韶山参观毛泽东故居

姚雪垠的《李自成》第一卷,上册我已经看过了,写得不错。你告诉武汉市委,对姚雪垠要予以保护,让他继续写下去。"正是在这种背景下,姚雪垠的家才免于被抄,藏书、书稿、资料卡片免于抄走,他本人也得到了保护。而对这一"反常"情况,姚雪垠觉得很奇怪,但并不知情。

六十二

　　1971年冬天的一个上午,姚雪垠所在的五七干校正在学习九·一三事件的文件。大家十分意外,谁知写在党章上的接班人林彪,竟会搞政变。姚雪垠在发言中引用了唐代诗人白居易的诗句,作为对林彪的批判:

> 周公恐惧流言日,
> 王莽谦恭未篡时。
> 向使当初身便死,
> 一生真伪复谁知?

　　他刚吟诵完白居易的诗,会议的主持者把脸一沉:"姚雪垠,你没有权利再发言了。你刚才引用的诗大有问题。你把林彪比作王莽,那汉平帝是谁呢?我认为你是在有意攻击毛主席,攻击党中央,这是一个重大的案件,必须进行严肃处理。"接着,由校本部批准,对姚雪垠召开了一次大规模的批斗会。
　　批斗会之后,便将姚雪垠进行隔离审查,命令他交代罪行,后来罚他上山去放牛,使他的创作很难进行下去。不久,上面传来了叶剑英元帅在批判林彪时也引用了同样诗句

姚雪垠在五七干校写作《李自成》用的小三合板和竹凳

的消息，才使姚雪垠的"罪行"不了了之。但是极"左"思潮严重干扰了姚雪垠的写作。他在1972年找到武汉市委领导，希望他们按照毛主席的指示办，让他把《李自成》写下去。这样，姚雪垠才从五七干校回到武汉，在1975年国庆节前夕，完成了第二卷。

"文革"中五七干校劳动中的学员

六十三

姚雪垠所在单位环境，对他的写作干扰太大，今天领导让他去影剧院门口收门票，明天给他任务看工农兵作者写的小说和剧本，使他很难再继续创作《李自成》。已65岁的他心急如焚，在苦恼万分、万般无奈之际，他接受了《李自成》责任编辑江晓天的建议，决定上书毛主席。1975年10月15日他将信发出。先将信寄给过去武汉的老领导宋一平，宋一平接到信后转给胡乔木，胡乔木即给毛主席呈文报告：

> 主席：
>
> 送上长篇小说《李自成》作者姚雪垠由武汉写给您的一封信。姚在信里说，这部小说他拟写成五卷约三百万字，第一卷已改好，第二卷已写成近两年，但还没有地方出版，请求您给予帮助。
>
> 姚的信是宋一平同志托我转送的。宋现在哲学社会科学部工作，以前长期在武汉，所以姚把信寄给他。宋还把姚的两封信给我看了。因为这两封信可以帮助了解姚目前的具体困难，所以现在也一起附上，供您需要时参阅。
>
> 敬礼
>
> 胡乔木
>
> 一九七五年十月二十三日

11月2日，在患白内障几乎失明的情况下，毛泽东在胡乔木转信的报告上用粗铅笔作了批示：

印发政治局各同志。我同意他写李自成小说二卷、三卷至五卷。

毛泽东

十一月二日

这年的12月中旬，姚雪垠摆脱了随意干扰他创作《李自成》的环境，告别武汉，来到北京，开始了新的创作征程。

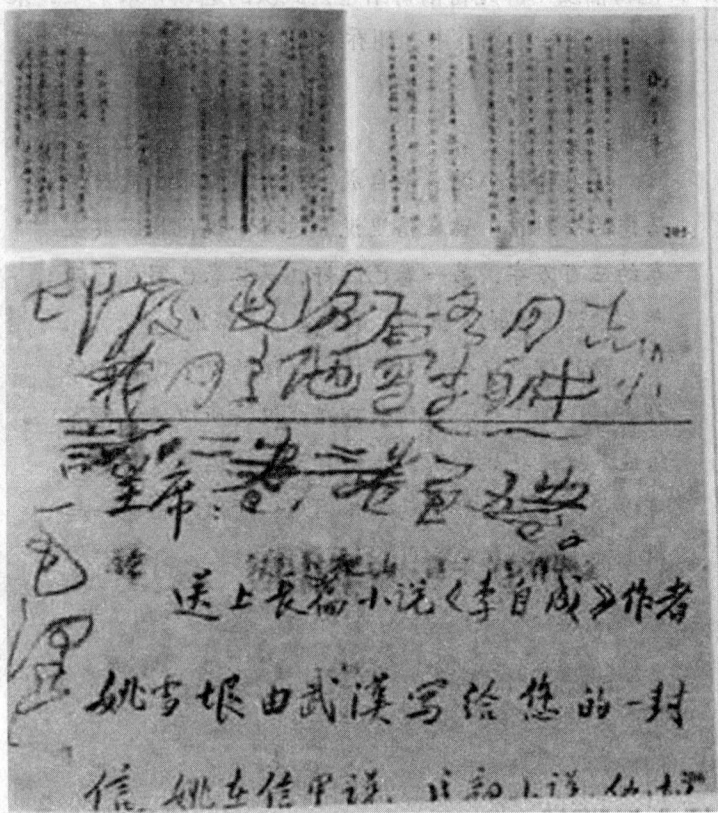

姚雪垠上书毛泽东与毛泽东的批示手迹（1975年）

六十四

　　茅盾和姚雪垠交往很早很深。早在抗战初期的1938年，姚雪垠的短篇小说《差半车麦秸》在茅盾主编的《文艺阵地》上刊载，茅盾著文给予高度评价，小说顿时轰动文坛。40年后，茅盾高度关注《李自成》创作。他们之间探讨《李自成》的信件较多。1975年冬天姚雪垠由武汉来北京之前，他把茅盾阅读《李自成》的几十封信，粘贴成厚厚一本珍藏起来，并在本子前面用毛笔字写下这样一段话：

　　　　茅公已八十高龄，身体不好，眼睛患老年性黄斑盘病，一目一尺外不见五指，一目视力为〇.三、四。承其将《李自成》第一卷看了一遍，并将第二卷抄稿七十万字读了两遍，写出比较详细的意见。这种关怀和热忱，使我十分感激。他有丰富的创作经验，涉猎中外文学作品极博，自五四新文学运动以来经常分析别人的作品，故善于从小说的艺术特点评论小说作品，非同于一般评论家从干枯死板的条条框框出发。他的这些信件，有许多意见精辟入微，探出作者匠心。我通过写作实践探索长篇历史小说的若干美学问题，而茅公在来信中所作的分析常常与我的艺术追求恰相吻合，可谓独具"法眼"。今将他关于《李自成》的来信汇编成册，以便翻检。以后来信，另行汇编。茅公为五四新文学运动的老将之一，在新文学运动史上有杰出贡献，而他谈论小说艺术技巧的意见又有重要参考价值，故相信他的

姚雪垠拜访茅盾，谈《李自成》的创作（1976年）

这些书信必为后代珍视。茅公不是研究晚明史的，
对这些问题所谈问题的局限性不宜作过多要求。

七五年八月二十三日

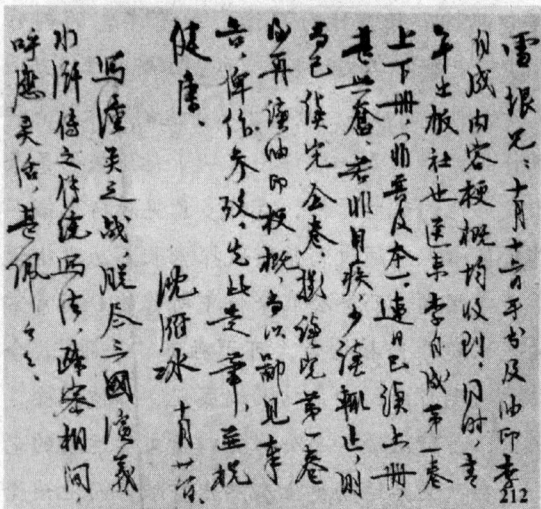

茅盾致姚雪垠的信（1975年）

姚雪垠去世后，他的儿子姚海天将两位老人关于《李自成》的来往书信汇编成册，定名《茅盾姚雪垠谈艺书简》，由人民文学出版社出版，成为重要文学史料。

六十五

姚雪垠在1975年12月来到北京3天以后，叶圣陶即设家宴欢迎。他们多年未见，兴奋异常。姚雪垠说："叶老，我多年以来都没有吃过这么好吃的苏州菜了。今天，真使我大饱口福。你年事已如此之高，眼力又不好，还花费了大量时间和心血，阅读我的原稿，并认真提出宝贵意见，实在使我感动。现在让我敬你一杯，祝您健康长寿！"

那一年，叶圣陶81岁，但仍举杯一饮而尽，并让儿媳再斟满一杯，对姚雪垠说："今天我们能在此开怀畅饮，倾谈种种，实为甚幸。我衷心祝你的大作早日完成！请再干一杯！"

叶圣陶对这次家宴甚为高兴，未过几日，又填词一首，然后用毛笔工工整整写在宣纸上："雪垠兄到京数日后即惠访，谈叙甚欢，作水调歌头为赠"：

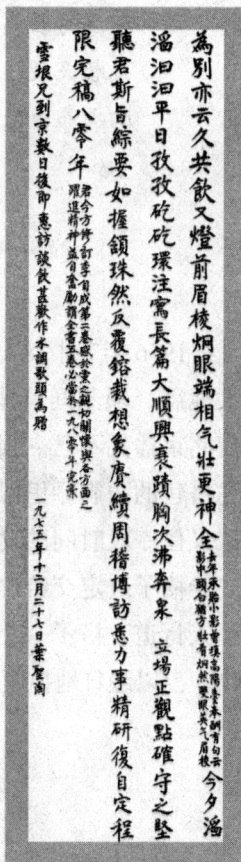

叶圣陶为姚雪垠书写的条幅

为别亦云久，
共饮又灯前。
眉棱炯眼端相，
气壮更神全。
今夕滔滔汩汩，
平日孜孜矻矻，
环注写长篇。
大顺兴衰迹，
胸次沸奔泉！
……

六十六

1976年7月28日凌晨三点多，河北唐山发生里氏7.8级大地震，顷刻间整座城市几乎毁灭。唐山地震，波及首都，使北京摇晃不已。很长一段时间，许多北京市民一直住在临街搭建的防震棚里躲避余震。姚雪垠不听出版社同志让他回武汉住一段时间的劝告，表示决不离开北京，抓紧时间把第二卷稿子改定交给出版社。出版社只好在北京工人体育场北面人行道上搭了一个防震棚。他终日坐在小马扎上，不顾闷热，夜以继日地抓紧校改《李自成》第二卷样稿。

六十七

郭沫若1944年在重庆《新华日报》发表的《甲申三百年祭》，被公认是总结了李自成领导的明末农民起义失败的历史经验，当时曾受到毛泽东的肯定，还被指定为延安整风学习的文件。之后，《甲申三百年祭》一直影响广泛，是政界和史学界公认的权威著作。因为姚雪垠要写《李自成》，就不能不同《甲申三百年祭》发生关系。当他深入研究时，发现他对刘宗敏和李信的评价，同郭沫若完全相反。所以，1977年1月，姚雪垠决定把他的《李自成》第一卷修订本前言的初稿寄给郭沫若征求意见：

郭老：

《前言》中关于刘宗敏和李信的评价，和您从前的意见相违，正如西哲之言曰：我爱我师，我更爱真理。这也算学生同老师争鸣吧。不妥之处，也请赐教，以便改正。

3天之后，郭沫若复信：

姚雪垠同志：

好几年不见面，也没有通消息，昨天突然接到你的一月十九日的来信和《李自成》第一卷修订本的前言，真是喜出望外。《前言》，我一口气读完了。我完全赞成您的观点。祝贺您的成功，感谢您改正了我的错误。我渴望着能拜读您的大作，并希望能看到您的《天京悲剧》——这恐怕是过分的奢望了，您要"七十五岁以后再写出"，到那时我已经一百岁，毫无疑问已经化为肥田粉了。

六十八

1976年底《李自成》第二卷出版之前，中国青年出版社将付印前的最后清样送到一个工人评论组征求意见，姚雪垠也到会参加座谈。他看见许多工人手中都拿着《甲申三百年祭》小册子，并且有一个工人当场问他："你在小说中的许多看法，怎么和郭老的《甲申三百年祭》不一样？"可见，《甲申三百年祭》在读者中影响之大，《李自成》的某些观点与其不同，就会受到质疑。

郭沫若与《甲申三百年祭》

六十九

1977年，姚雪垠给王任重写信，向他询问当年毛主席保护创作《李自成》的详情。王任重回信中说：

关于主席对你的保护，我记得经过是这样：一九六六年八月中旬的一天下午，毛主席主持召开中央政治局常委会，我们文革小组的人都列席参加。主席对我说：你告诉武汉市委，对姚雪垠要予以保护。他写的《李自成》写得不错，让他继续写下去。当天晚上，在中央文革办公会上，戚本禹说：你不要听他的！姚写的《李自成》第一册还可以，但写到"闯王进京"时，一定是反动的。我当时只是笑了笑，未予置理。你看戚本禹多么主观和狂妄。他竟敢公开反对毛主席的指示。我当然不会听他的。

第二天我就打电话给宋侃夫同志，如实地传达了毛主席的指示。你写《李自成》的那些资料所以能够完整地保存下来，你自己也未遭到更严重的打击，的确应当感激主席的关心和保护。但是假如不是党中央粉碎了"四人帮"，你还是不可能完成这部巨著的。《李自成》深得广大读者的称赞。各个书店，都脱销。我至今仍未买到，希望在新版本印出之后，请你送我一套，并把你写的诗题上一首作为纪念。

七十

1977年1月，83万字的《李自成》第二卷，分上、中、下3册出版。初版30万套很快就被抢购一空。为满足广大读者的愿望，18个省、市、自治区的出版社，向中国青年出版社索取纸型，进行翻印。除汉语外，《李自成》还被翻译成蒙文、朝鲜文、维吾尔文等少数民族文字出版。结果，《李自成》前两卷的印数很快超过了200万套大关。到1981年第三卷出版前，《李自成》前两卷的总发行量已达到410多万套，成为当时中国最畅销的小说。

姚雪垠与《李自成》的主要责任编辑江晓天（左图）、王维玲（右图）合影

《李自成》第二、三卷的责任编辑王维玲著文谈到第二卷出版后的情况说："读者在新华书店买不到书，便到中青社来买，在出版社的院子里排了好几圈的长队。""《李自成》第二卷读者反响之强烈，反映之热烈，是很感人的。在中国青年出版社成立六十多年来，只有两部长篇小说，一部是《红岩》，一部就是《李自成》，读者来信最多，几天就一麻袋。在读者来信中，有贺信、贺诗，有抒发他们读后的心得感想……如果把这些读者来信概括一下的话，就是看了《李自成》之后开眼界、长知识、受教益、有收获。"

广大读者在北京王府井书店排队购买《李自成》第二卷

七十一

《李自成》第二卷和第一卷修订本问世后，茅盾不顾自己已是82岁的高龄，且有严重眼疾，写出了一篇近万字的《关于长篇历史小说〈李自成〉》的评论文章，在《文学评论》1978年第2期上发表。他说：

> 这是"五四"以来第一部长篇历史小说。中国封建文人也曾写过丰富多彩的封建社会的上层和下层的生活，然而用历史唯物主义和辩证唯物主义来解剖这个封建社会，并再现其复杂变幻的矛盾的本相，"五四"以后也没有人尝试过，作者是填补空白的第一人。

茅盾在他的一篇文章中说，他上海的一位亲戚买不到《李自成》第二卷，托他在北京买。这位亲戚的全家排队争着看《李自成》，这是亲戚家从没有过的情况。

七十二

夏衍读过《李自成》后，在 1977 年 6 月 17 日给姚雪垠的信中说：

> 谢谢你送给我这部未完成的巨著第二卷，使我得到了极大的阅读的快乐。长久以来，我没有读到这样吸引人的作品了。

姚雪垠夫妇考察北京居庸关（1977 年）

秦牧在 1977 年 10 月 12 日给姚雪垠的信中说：

> 读《李自成》是一顿精神上的盛宴，有一种艺术享受上巨大的快感。它真是波澜壮阔，气象万千，鞭辟入里，荡气回

肠。我个人的看法，它不仅为当代读者所热烈欢迎，并且必将成为世代流传之作。在若干年之后，它也将和一些古典名著并列，长远传播。我以为这是实事求是的推断，而不是溢美之词。

胡绳读罢《李自成》第二卷，在给姚雪垠的信中说：

虽然应该承认，读得不很仔细，但我要向你报告：我对这第二卷读后的满意程度大大超过第一卷。老实说，我原来颇有点怀疑：你计划写五卷是否有点太大，这样大的篇幅是否必要。但读过第二卷后，这种怀疑完全消释了。你并不是单纯地反映明末农民起义这一历史事件的过程，而是以这支农民起义军为中心，写出一部中国封建社会的"百科全书"，当然需要这样大的篇幅。在我们祖国的历史长河，有过两千年的封建社会，它离开我们是很

《李自成》第二卷（1977年）

远的，但其实又很近，这样一部"百科全书"实在非常需要。我希望你放开手来写中国封建社会的各个场景，深入地写出各个阶级、各个阶层的人物来。

七十三

著名诗人朱子奇在致姚雪垠的信中说：

一位废寝忘食读完《李自成》一、二卷的有文采的老将军，兴奋地对我说：你还记得贺老总对我们说过的一段话吗？贺帅说：你们作家有本事写一部像《三国演义》那样内容好、技巧高又有味道的书，让我读得忘记了吃饭、睡觉，那我就佩服他，感谢他。老将军说，现在我读到了这样一本书，这就是小说《李自成》！他盛赞作者的勇气和文采。他还说这部书不仅在文学上、史学上精辟，就是在军事上也会有价值。这也证明关心作者的毛主席，有见识，看得准。

七十四

北京大学教授、著名美学家朱光潜对《李自成》第二卷评价：

作者对明末历史背景有充分的掌握，博学多

闻，胆大而心细，文笔朴素而生动，《红楼梦》以来，还少见这样好的长篇历史小说。

1978年，朱光潜在拜访姚雪垠时又说：

> 从美学角度来讲，首先，我认为你的《李自成》非常富有音乐节奏感。第二，你把西洋小说的手法和中国小说的手法，很巧妙地糅合在一起，创造出了一种新的《李自成》写作的独特手法。我把它概括为，"你既吸收了许多外国的技巧，但始终植根于民族土壤。"不知妥否?!

姚雪垠极其兴奋地说："这太好了，你说出了我早已想说，但又找不到恰当词汇要表达的话。先生说话入木三分，画龙点睛，开我茅塞。非常感激！非常感激！"

七十五

1977年11月2日，中共中央宣传部部长张平化登门拜访借住中国青年出版社幸福一村职工宿舍的姚雪垠："雪垠同志，我今天给你带来了喜讯。邓小平副主席说你的书写得很好！昨天下午，他亲自嘱咐我务必前来看看你，问你还有什么困难没有。邓副主席还说你对党和人民做出了重要贡献，有什么困难请你提出来，由中央替你解决。"

一个作家的一部作品，先后受到毛泽东、邓小平两位国家领导人的如此高度重视、支持和称赞，这在中国现当代文

姚雪垠在查阅资料（1977年）

学史上是绝无仅有的。

1977年11月5日，姚雪垠给中共中央副主席邓小平写了一封信：

邓副主席：

　　本月二日下午，张平化同志奉您的指示前来看我，使我十分感激和鼓舞。同时我认为：这不仅是对我个人的关怀和鼓励，也是对整个文艺界和全国众多愿意为社会主义文化事业贡献力量的知识分子的关怀和鼓励。

　　假若不是"四人帮"的严重干扰，《李自成》全书五卷大概已经全都完成了。目前，我正在努力赶写第三卷，决心争取明年定稿，后年出版，为纪念建国三十周年献礼。为报答毛主席生前的关怀和支持，您的鼓励和全国读者的热情期望，我一定本着严肃认真、一丝不苟的精神，加速完成以下三卷，并为接着写《天京悲剧》作好准备，为祖国的文学事业多做一点工作。

《李自成》第二卷出版之后，又作了一些修订，即将重印。俟重印本出版，当奉上一部，请您指教。

　　此致

敬礼

姚雪垠

一九七七年十一月五日

七十六

经常采访姚雪垠的新华社记者杨建业，在1978年上半年，将他所了解到的姚雪垠在创作中需要解决的一些具体困难，专门写成材料，向中央作了反映：

　　一、户口问题。姚雪垠应中国青年出版社邀请，1975年12月从武汉来北京写作《李自成》，至今已达两年半时间，随他同来的还有为他打字和做饭的爱人王梅彩，以及一直同他们在一起生活的6岁多的孙女。在这期间，由于他们在北京没有户口，所以生活问题如兑换粮票、购买副食等，全靠亲戚朋友和中国青年出版社集体食堂资助。这样不仅耗费了很多时间，而且长此以往麻烦别人，分吃别人的分内定量供应，姚雪垠内心觉得实在过意不去。但根据湖北省委指示，又让他长期居住北京写《李自成》，因此，他希望中央有关部门，能够批准将他全家三口人的户口从武汉正式迁来北京，但他的工作并不调动，组织关系仍在湖北省文联。

二、住房问题。姚雪垠现在北京是临时借住的中国青年出版社的职工宿舍，地址在北京朝阳区幸福一村。此处面临交通干线，昼夜车辆来往不断，马路对过则是北京工人体育场、北京工人体育馆，经常举行各种体育比赛，8万多人观看演出，笑语喧哗，掌声雷动，入场退场时更是人声鼎沸，环境极不安静。这使姚雪垠使用录音进行创作时，经常受到干扰。而且，他进行写作需要较多的图书资料，目前的两间房子，根本摆不开从武汉运来的大量图书。基于以上情况，姚雪垠将户口迁来北京后，希望有关部门能够分配给他一套大一点、环境又较安静的房子。

三、助手问题。为了加快写作《李自成》，组织上已给姚雪垠配了两名助手，其中一名在北京的助手，原户口在外地。因此，在批准姚雪垠进京的户口时，还需要同时解决助手户口进京问题。

在这份材料基础上，姚雪垠又向邓小平写了一封信，邓小平很快做出批示："同意姚雪垠的要求，请文化部、中宣部办理此事。"不久户口问题得到解决，住房问题也于1979

年9月获得解决，分配了木樨地新建公寓一套住房。

七十七

姚雪垠说："邓副主席对我的关怀和鼓励，真使我终生难忘。过去，刚恢复工作不久，他就派张平化专程看我。尤其使我感动的是，他工作那样繁忙，还仔细看了《李自成》第一卷和第二卷，并做了中肯的评价：'《李自成》第一卷写得很精彩；第二卷不如第一卷，但是也精彩；听说他在写第三卷，不知第三卷怎样？'这次又为我生活中的具体困难，亲笔批示，很快解决。"

七十八

在20世纪70年代末，姚雪垠和家人去参观故宫，他当起了讲解员，把每个宫殿的用途摆设、历史故事和帝妃们的饮食起居、宫中禁忌等讲得细致入微，有声有色，周围很快吸引了越来越多的参观者，听他讲解。陪同的故宫工作人员感叹："我们在故宫工作这么多年，对故宫的了解远不如姚老。"

七十九

凡读过《李自成》的人，无不被作品中的艺术魅力所震撼，为书中广博的知识所折服：上自皇帝、后妃、太监、朝臣、巡抚、知县、幕僚，下自巫婆、绳妓、铁匠、饥民，三教九流，从皇宫到市井，从官军到义军，从关内到关外，各

姚雪垠为解放军读者签名

地的风俗人情、典章制度、官话口语、文言黑话，错综复杂的社会关系与社会生活，无不写得真真切切、绘声绘色，犹如身临其境、亲见其人、亲历其事，似乎穿越到三百多年前的时光。读者无不对作者的渊博学问和"神来之笔"由衷赞叹，肃然起敬。

八十

姚雪垠不仅是小说家，还是史学家。他对明清历史有深入的研究，发表了许多具有独到见解和学术价值的史学论文。他可以不带片纸只字，在国内外的各种庄严隆重的场合作学术报告，讲中国文学，谈中国历史，滔滔不绝，连讲几个小时，使听众全神贯注，入耳入心，有时全场鸦雀无声，有时全场哄然大笑。姚雪垠何以达到如此境界？北大知名教授、文学理论家严家炎为《中国大百科全书·文学卷》撰写的"姚雪垠词条"指出：

　　《李自成》是姚雪垠的史学准备、生活积累、理论修养、艺术经验等集大成的产物，是几十年创

"文革"结束后,在湖北省文代会上选举姚雪垠为省文联主席。前排左起:陈丕显、杨得志、姚雪垠

造性劳动的结晶……就所写的社会内容的复杂宽广,生活色彩的丰富多样而言,《李自成》达到了作家很少企及的地步。《李自成》的出现,继《子夜》之后又一次大大提高了长篇小说结构艺术的水平。

八十一

中央人民广播电台应广大听众的要求,从1980年开始对《李自成》第一、二、三卷进行了连续广播,由著名朗诵家曹灿演播,影响很大。曹灿回忆当年他演播《李自成》第一、二、三卷的盛况时说:"每到节目时间,特别是晚上六点半那个时段,许多人都等在收音机旁收听;在街上行走的人,听到这个节目播出的声音,都是驻足聆听,当时真有万人空巷的感觉。我有时走在街巷里,几乎家家户户的窗户里都传出播讲《李自成》的声音。我一方面为自己的演播能受到人们的欢迎而高兴，更为姚老的书写得如此精彩、如此引人而折服！"多年后不少人说，他们是听《李自成》的广播长大的。一位大学年轻教授这样说："1980年初我在读大学，班上只有一位同学有一个小收音机，一到曹灿演播《李自成》的时刻，同学们都围坐在收音机旁，聚精会神地听，都听入迷了，至今这一情景难以忘怀。"

人民教育出版社中学语文组经过再三研究决定，将《李自成》第二卷中册第二十八章，在1978年编入了高中语文课本第三册，名为《虎吼雷鸣马萧萧》。上海、天津、山东、辽宁、陕西、江苏等地的美术出版社还把《李自成》改编成连环画出版，在广大少年儿童中广泛流传。

八十二

曹灿还谈道：《李自成》第一、二、三卷播出以后，受到社会各界人士的关注，在一片赞扬声中，也有人提出：李自成一个农民，哪有书中写得那么高大？简直跟共产党、八路军一样。这是作者强加在他头上的光环！一些学者说，《李自成》中李自成的形象有理想化的倾向。但姚老也有他的解释，他说：一个农民，能聚起千军万马，手下有那么多仁人志士以及英勇善战的将领都能听从他的指挥，居然能把一个封建王朝推翻！没有过人的胆识，没有宽广的胸怀、礼贤下士的态度，没有严明的纪律和行之有效、顺应民心的政策，如"迎闯王、不纳粮"等口号，是不可能在中国历史上占有一席地位并留给人许多思考的。

姚雪垠和曹灿（右）交谈演播《李自成》（1980年）

姚老还谈到，我们中国历史上并不是只有八路军纪律好，据史书记载，岳飞的部队纪律也很好，部队每到一处，在开拔前总要把场院打扫干净才出发。冯玉祥的部队也是如此。书中《义送摇旗》脍炙人口的故事情节，就取自民国初年一军阀的真人真事。

《李自成》这部书给我们提供了丰富的历史资料和知识，书里面大量绚丽的文学语言、诗词是文学宝库里珍贵的财富，尤其是对崇祯皇帝亡国和李自成农民起义失败的描述，从蛛丝马迹开始到最后政权的丧失，其根源之一在于明王朝的腐化和义军胜利后的骄傲。这，无疑是给后人留下的深刻告诫！

八十三

1979年2月25日《湖北日报》头版公布消息："作家姚

雪垠等86人被错划为'右派分子'已予改正，恢复名誉。"
湖北省委对他的复查结论是："1958年划作家姚雪垠为'极
右分子'的主要依据，是1957年前后发表的五篇文章、两次
讲话和一封信。参加复查的同志这次全部查阅了以上材料，
发现当时的结论与原文有很大的出入，有的是斩头去尾、断
章取义，有的是歪曲原意、强加于人。根据复查，属于错
划。从他的一贯表现来看，是拥护党、拥护社会主义的。省
委最近已经批准改正，恢复名誉。"对此，姚雪垠百感交
集，提笔写下《风雨——因一九五七年事获彻底纠正而作》
一诗，诗的第一句是："风雨崎岖二十年……"

八十四

1979年，69岁的姚雪垠参加中国作家代表团访问日本，
这是"文革"结束后，国家派出以周扬为团长的高规格作家
代表团首次访日。这次访日，对加强和发展中日两国文艺界
的联系和友谊起到了重要作用。代表团在日本著名小说家井
上靖先生家拜访时，井上靖的太太问道："你们中国作家为
什么不敢写爱情，不敢写色情？"

姚雪垠说："爱情和色情是有区别的。中国文学从来不
排斥写爱情，在《诗经》中有很多写爱情的好诗，传诵至
今。你们一定知道《西厢记》《牡丹亭》《红楼梦》吧，都是
写爱情的杰作。'四人帮'不准写爱情生活，如今他们已经
被打倒，这个禁区当然也就不存在了。"

这位太太又问："那色情呢？"姚雪垠说："我们要用文
学教育人们，不提倡写色情。"她又追问："难道人们不想色

左图：姚雪垠随中国作家代表团访问日本时为日本作家松本清张签名
右图：姚雪垠访日时演讲《中国历史小说》（1979年）

情的事吗？"姚答："人们心里想不想是一回事，作家要不要写是另一回事。"

在访问日本期间，姚雪垠应邀作了一次生动而精彩的学术演讲"中国历史与历史小说"，日本听众对姚雪垠渊博的学识、学术造诣和文学成就非常赞许。

1991年，姚雪垠率领中国作家团再次访问日本。这次访问给日本文艺界留下了深刻印象。而姚雪垠身为团长，以身作则，廉洁自律，为国家尽量节省一分钱，为大家所称道。

八十五

在20世纪七八十年代《李自成》风靡全国时，文艺工作

陕西舞剧院演出的舞剧《闯王旗》

者把《李自成》各卷中的故事情节，改编成了戏剧、电影、电视剧、评书、汉剧、越剧、秦腔、说唱、舞蹈等多种艺术形式。比如，武汉汉剧团改编成汉剧《闯王旗》，并由长春电影制片厂拍成了舞台艺术片。著名剧作家吴祖光还把《李自成》改编成京剧《闯王旗》和《闯王夫人》，由著名京剧演员袁世海、赵燕侠等在首都演出。北京戏曲学校把《李自成》改编成京剧《玉笛恨》，上海越剧院把《李自成》改编成越剧《慧梅之死》，陕西省歌舞团把《闯王旗》改编成舞剧等。根据《李自成》中的部分情节，北京电影制片厂拍成了故事片《双雄会》；陕西电视台摄制了电视连续剧《李信与红娘子》；北京中北电视艺术中心将《李自成》中女将慧梅的故事改拍出电视连续剧《巾帼悲歌》等。

八十六

姚雪垠错划"右派"得到改正，恢复名誉之后，他很快向湖北省文联党组织提出了入党申请。1981年12月7日，省文联召开党支部大会，讨论他的入党问题。姚雪垠在会上发言说："我现在以十分激动的心情，谈几句出自肺腑的话。我今年72岁，已经是垂暮之年。但是从另一方面看，同志们如同意我加入中国共产党，这将是我生命的新开始。对我来说，这后一方面的意义更关重要。虽然我明白我自己看不见共产主义的实现，我的儿子、孙子们也不能看见，然而我坚信人类的崇高理想必将实现。这是我的追求，我的信仰。我愿意为这一信仰而进行战斗，所以请求党组织接纳我为一个普通党员。"

新华社专门为姚雪垠入党发了消息。

早在抗战初期，姚雪垠已是中共地下党中的一员，后来由于复杂的历史原因离开了党，为此他悔恨了大半生。这次重新入党，实现了他多年来梦寐以求的夙愿。

八十七

《李自成》第一、二卷出版后，日本华裔翻译家陈舜臣、陈谦臣将第一卷翻译成日文，以《叛旗》为书名，1982年10月在日本出版。出版社和译者被日本外务省和文部省分别授予贡献奖和文化奖，这在日本是少有的情况。

1982年，《李自成》被全国6500万中学生评为"我所喜爱的十本书"之一；同年年底，《李自成》第二卷荣获首届

《李自成》被评为全国中学生最喜爱的一本书。图为该奖项的纪念小铜像（1982年）

茅盾文学奖。颁奖会后，姚雪垠即将3000元奖金（这相当于他当时一年多的工资）捐赠给中国少年儿童基金会。该基金会在颁发给他的纪念证中写道：

> 你给小苗浇上泉水，
> 为了鲜花早日盛开。
> 待到满园飘起芳香，
> 花儿会记住你的关怀。
>
> 姚雪垠同志留念

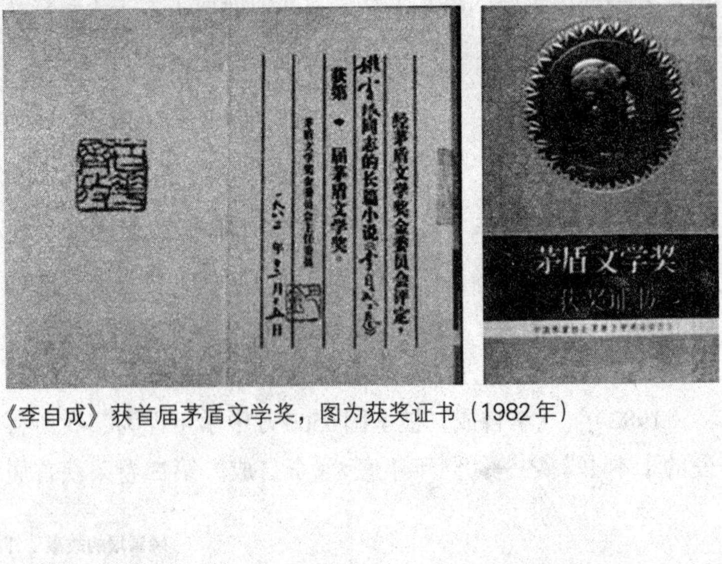

《李自成》获首届茅盾文学奖，图为获奖证书（1982年）

八十八

为激发家乡邓县（今邓州市）学子奋发学习，促进教育质量的提高，从1983年开始，姚雪垠在生活条件并不宽裕的情况下，每年捐出500元工资，设立了"春风作文奖"（第四届后更名为"姚雪垠作文奖"）。1984年，姚雪垠又将县城里落实政策的房产款4200元捐出来，作为作文奖的奖励基金，以保证作文奖长期办下去。每年一届，已有数千名中小学生获奖。这些学生长大成人后走上社会取得各种不同的业绩，但他们回顾起当年获奖的情景，无不自豪地说："我获得过姚雪垠作文奖"。

当时曾参与创立作文奖的教育局老局长丁心德说："一年一度的姚雪垠作文奖，极大地调动了全市广大中小学师生的学习积极性，姚老对家乡教育事业的贡献不可估量。"

八十九

姚雪垠给他的书房取名"无止境斋"。他说："因为我的学习无止境，工作无止境，追求无止境。"

的确如此。姚雪垠为创作《李自成》，数十年如一日，每天凌晨3时起床写作，没有节假日，没有星期天，每日伏案笔耕不辍。他每天坚持半天写作，半天读书、查找资料、研究问题。他撰写了有关李自成和明末清初重大历史问题的一批学术论文。比如《明代的锦衣卫》《明代的特务政治》《崇祯皇帝传》《评〈甲申三百年祭〉》《论〈圆圆曲〉》《李自成为什么会失败》《论历史小说的新道路》《从创作实践到创作理论》等等。姚雪垠说:"一个愿意争取较高成就的历史小说家应该具有双重身份:既是小说家,也是史学家。"

姚雪垠被人们公认是学者型作家和历史学家。

九十

姚雪垠在20世纪80年代初的一篇回忆文章中写道:

姚雪垠在书房(1981年)

我在许多年中被有些朋友目为"狂妄",其实只说对了一半,并没有抓到我的性格的主要特点或本质。我确在20岁左右的时候,就有"好高骛远"的特点,对自己树立些狂妄的目标。有的青年有很高的目标,含而不露,谦虚谨慎,这是非常值得学习的好风格。我偏偏心中藏不住话,喜欢谈出自己"好高骛远"的目标,这当然是"狂妄"了。

其次，我心中很少迷信名人，在属于艺术方面的问题，好发表自己的独立意见，公然批评名人。有许多比较有涵养的人，必然对别人有意见不说出口，其次者是表面上随声附和。然而我的性格有致命缺点，我有不同意见就忍不住要说出来，既不衡量自己的地位，也不肯为贤者讳。这当然也是"狂妄"的突出表现。这后一个毛病至今未改，大概要带着去见马克思了。前一种"狂妄"具有不好的一面，也有好的一面。不好的一面是浮夸，好的一面是有大志，有追求。

一位了解姚雪垠的老友说："姚老一生不唯书，不唯上，不迷信名人权威，不随风倒，不随波逐流，始终坚持自己的追求、信念和抱负不动摇，始终刻苦勤奋一生，这一点就很了不起！特别是在身处政治运动的大风大浪和挨批挨整的情况下。"

九十一

《李自成》第三卷出版以后，姚雪垠已进入古稀之年，为怕万一全书完不成，留下像《红楼梦》一样的遗憾，他决定撇开第四卷，先从最难写也是最为关键的第五卷开始写起。他说："我在完成第五卷以后，回过头来再写第四卷，是为了先难后易，稳操胜券。也是预防万一吧。"

明王朝为什么会灭亡？李自成为什么从胜利的巅峰倏然失败？清朝为什么会兴起而入主中原？这些重大的历史问题

都将在第五卷中回答读者，以汲取历史的经验教训。这也是关系全书五卷成败的最重要一卷。

九十二

姚雪垠的写作每天从凌晨3点开始，起床以后，首先烧一壶开水，泡一杯龙井茶，然后用冷水洗脸、擦身，把写字台擦干净，接着打开录音机，口述录音。这些录音将由他的助手变成文字，最后他修改定稿。在创作第三卷时，他的录音提纲很简单，有时甚至没有提纲，对着录音机就说，说出来便成小说。从第五卷起，他开始变换办法，先在本子上写出详细提纲，既有叙述的人物故事，也有人物对话等，比较详细，实际上就是每一章节的内容梗概。然后按照提纲，像讲故事一样，进行口述录音。

清晨五点半，闹钟一响，他换上便服，下楼进行30分钟的慢跑锻炼。六点半以前，准时回家。从六点半开始，他一边听广播电台的新闻联播，一边吃早饭。吃罢早饭，他往往要到卧室稍睡一会儿，然后再开始工作。整个上午，埋头写作。有时如果感到太累，就喝杯咖啡提提神，或是听听中国的传统音乐，来调节神经。

下午是姚雪垠最放松的时间，午睡片刻后，即开始读书学习，研究史料，思考问题，或者欣赏古代名家书法字帖；晚饭以后，便不再工作，每日看过《新闻联播》之后，也偶尔看看好的纪录片和电视剧，在9点前上床休息，入睡前再看看书。多年来姚雪垠每天的睡眠时间不超过7个小时，而且化整为零。

姚雪垠在广东中山市孙中山故居留影。计划完成《李自成》后写作反映辛亥革命的长篇历史小说《大江流日夜》(1990年)

九十三

姚海天在回忆父亲口述录音时写下了这样一段话：

在父亲口述录音的那段时间，我每天夜起，总能听到从父亲书房兼卧室传来的口述录音声，声音不大，但很清晰。有时候我轻轻走近书房门口，侧耳倾听，父亲声情并茂，娓娓而谈，有故事，有情节，有对话，有景物描写，也有标点符号说明。我听得入迷了，久久不能离去，真是难得的精神享受。有一天夜里，我三四点钟起床如厕，听到父亲的书房传来阵阵哽咽声，录音暂时中断。原来，父亲正在录制《慧梅之死》一章，为李自成和高夫人的爱将慧梅大义灭亲、拔剑自刎的情节而哽咽落泪。

其实，有时家里来了客人，父亲讲到《李自成》的某些章节和人物，如李自成、崇祯、田妃、红娘子、慧梅、卢象升等等，也常情不自禁地当众感情失控，泪流满面，在座者无不动容。父亲就是这样一个感情极其丰富的人，他的思想、情感和精神已经完全融入《李自成》的创作之中。

父亲常说，对《李自成》中的情节和人物自己不感动，怎么能感动读者呢。正是由于父亲丰富的情感世界、渊博的历史知识、丰富的创作经验、娴熟的艺术技巧，才塑造出了《李自成》中一二百个有血有肉、栩栩如生的大大小小的各类人物，才深深打动了千百万读者。

姚雪垠在抄录明清史料卡片（1977年）

九十四

　　姚雪垠的日常生活很简单，每天中午，他必喝一小杯白酒，而且常常用猪耳朵、凉拌白菜心、油炸花生米等下酒。他离开故乡已几十年，不仅仍说一口河南话，还保持着河南人的饮食习惯，喜欢面食，喜食芝麻叶面条，尤其爱吃馒头和稀饭，几乎天天离不开。

　　姚雪垠爱整洁不邋遢。他无论是在家还是外出，衣着穿戴都是干干净净，整整齐齐。即使20世纪50年代，他从上海回到开封，干部和知识分子几乎都穿清一色的中山装，甚至衣服打补丁，但他依然是西装革履，与众不同，显得比较"扎眼"。他的书房，书桌上的参考书、稿子、用品和文房四宝都摆放整齐，一尘不染。同楼居住的戏剧大师曹禺来到姚雪垠家，自我调侃说："我的书房太乱了，不乱就不是我曹禺了。"

姚雪垠的手书"无止境斋"和书桌

九十五

姚雪垠有3个座右铭。第一个座右铭是：

耐得寂寞，勤学苦练。

他说："我们有许多研究学术的、搞创作的，吃亏就在于不能耐得寂寞，一生缺乏战略计划，缺乏很高的追求。为什么呢？总是怕别人忘记了他。由于耐不得寂寞，就不能深入地做学问，不能勤学苦练。"

姚雪垠说："前几年，我把这个座右铭书赠几位朋友，但他们来信说，这两句不太好理解。所以，我又增加了两句：'耐得寂寞，才能不寂寞。耐不得寂寞，偏偏寂寞。'"

"一个作家如果真能耐得寂寞，摆脱一些社会活动，做出好的作品来，不但全国读者忘不了他，后世也忘不了他。所以，耐得寂寞，才能不寂寞。但有的人今天开一个会，明天就有短文章发表，其实他给人民群众没有留下更深的印象。所以，耐不得寂寞，偏偏寂寞。这是我几十年的经验总结。"

九十六

姚雪垠的第二个座右铭是：

加强责任感，打破条件论，下苦功，抓今天。

他说："人生在世，不是历史的旁观者，要做历史的参加者、推动者。加强责任感，才有实现远大理想的决心。打破条件论，不是不要条件；但是，条件不好，也要干，也要工作。任何人不下苦功都搞不出成绩来。"

"我们常常看到有的同志提出一个计划，迟迟不实行。还说什么今年已经过去半年啦，从明年元月一日起，我再开始吧。或者说，这个月已经过去半个月了，从下月1日开始。由于不能抓今天，他们纵然有好计划，都成了泡影。所以要切切实实地'抓今天'。未来是由一个一个今天积累起来的，没有今天就不会有明天。所以，必须'抓今天'。"

姚雪垠在为友人书写条幅（1984年）

九十七

姚雪垠的第三个座右铭是：

艺术追求无止境，生前马拉松，死后马拉松。

他解释道："作为一个作家不要一看到别人出书了，得奖了，有名了，就羡慕，就着急，甚至眼红。因为人生就好像马拉松赛跑一样，未死之前，不能决定谁是冠亚军。"

"即使人死了，他的作品还在，甚至由于各种因素，在若干年内，他的作品仍被捧得很高。但是随着时间的流逝，

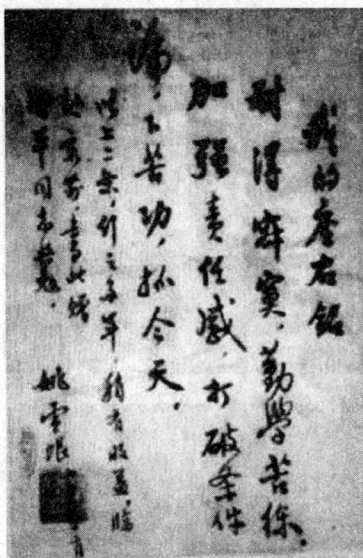

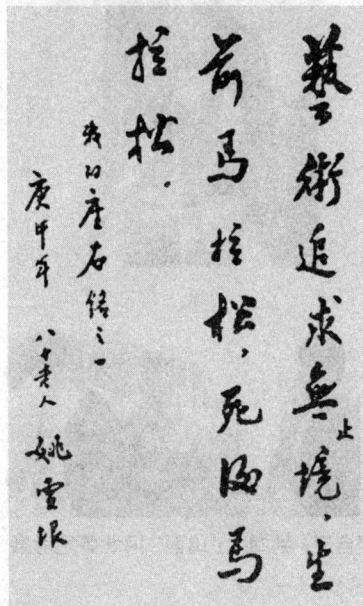

姚雪垠的座右铭手迹

历史的检验，那些华而不实的东西，终会黯然失色。这就是死后马拉松。一个作家在死后马拉松运动中能否获胜，这完全取决于他在生前对作品所投入的劳动、思想深度和艺术高度。因此，大家一定不能只看眼前，而要想到长远。"

九十八

在20世纪80年代，为了写好第五卷，姚雪垠不顾高龄年迈，为了坐实李自成兵败后的最后归宿地，"为写英雄悲壮史，三年五拜闯王坟"，跋山涉水，遍访通山县九宫山的有关历史遗迹，详细考察李自成殉难前的逃奔路线，最后用实证否定了李自成失败后在湖南石门出家为僧、终老佛门的说法。在考察结束后，他挥

20世纪八九十年代，姚雪垠为写《李自成》到湖北、山西、河北等地考察

笔为李自成纪念馆书写了一副长联，总结了李自成失败的原因和悲壮的教训。1987年他给中央写信，要求将湖北通山县九宫山闯王陵列为全国重点文物保护单位。1988年，国务院发文予以确定。

上联：

纵横半中国锐意北伐渡河入晋过太原
破燕京何其盛也终因人谋不臧山海关
大军喋血前功尽毁黄尘万里无归处
惟有英勇殉社稷

下联：

苦战十七载铩羽南来离陕奔楚弃襄阳
败武昌亦云惨矣毕竟图谶难凭牛迹岭
巨星落地宏愿皆空青史千秋悲壮志
何曾怕死遁空门

九十九

姚雪垠有两个资料卡片柜，柜里分门别类装着有关明、清历史研究和写作《李自成》的卡片，总计有近万张，三百余万字。卡片上的资料都是他在研读过程中一笔一画用蝇头小楷摘抄的，字迹非常工整。卡片上有他大量的批注、按语和说明。

姚雪垠说:"抄写卡片,是前人行之有效的工作。实践证明,这是治学的一个很好的具体方法。我已经做了几十年,受益匪浅。我建议一切有志于治学的人,也都来做卡片。"

凡见过资料卡片的友人无不为其精神所感动所感慨:一个作家为写一部书,竟下这么大功夫,这在中外文学史上十分罕见。

一〇〇

姚雪垠的写字台上,放着很多工具书,如《康熙字典》《中华大字典》《人名地名辞典》《诗词典语辞汇释》《诗韵》《白香词谱笺》等。在他读书或写作时,凡有拿不准的字或词,都随时去查一下。这是姚雪垠的一种习惯。有时候为搞清楚一个准确的词义或字义,他要花去半天甚至一天时间查阅各种词典,直到准确无误为止。

姚雪垠说:"有的人在作品中常自造词句,艰涩难懂,使人不知所云,这种做法不可取。"

一〇一

姚雪垠撰文说:

要做一个不辜负人民愿望的历史小说家,应该具备三个条件:第一,他应该是一位有修养的小说艺术家;第二,他对自己要写的小说题材是一位渊博而精深的史学家;第三,他应该是一位优秀的思想家，而不是历史见解上随波逐流，人云亦云。

一部作品能否取得成功，他谈道：

> 凡是真正成功的作品，都是能够在较长的历史中鼓舞人民的向上精神，能够给读者以深刻的启示、丰富的知识、积极的教育，而在艺术上技巧上有创造性的辉煌成就。这样的作品，比任何最有影响的甚至最权威的评论更有活力，更有生命。当各种评论随着历史的奔流消失以后，它仍然在读者的眼前闪着光彩，生气蓬勃。
>
> 这样的作品，不因誉存，不以毁亡。

一〇二

1980年，姚雪垠被推举为中国当代文学学会（后易名为中国新文学学会）的创建会长。学会会员主要是大学老师，每年召开一次年会。他为每届年会主题的确定、经费的筹措、地点的选定、论文的准备等操了不少心，花去他不少时间。而且每次年会，只要没有特殊情况，不论路程多远，他都会莅会致开幕词，或作主题报告。但是，每次开会的来回路费、会务费等开支，既不花学会一分钱，也不到湖北省文联报销（他是省文联主席，完全可以报销），都是自掏腰包。家人开玩笑地说："你这会长当得可真窝囊，全国没有第二个。"他笑笑说："这是应该的。"

姚雪垠夫妇相濡以沫半个多世纪。图为夫人王
梅彩给《李自成》书稿打字

姚雪垠（左三）参加中国新文学学会第十二届年会（1985年，南阳）

在老作家中，姚雪垠的书法是闻名的，字清秀端庄，有浓郁的书卷气。因是老作家的字，求字者很多。他外出开会经常在早晚忙于给人写字，返京后还带着一沓求字者的名单，抽空再一个一个地"还债"。有一个人求他写了一副对联，过了不久这个人拿去拍卖，结果拍出了34万元。这是发生在1994年的事情，一家报纸作了报道。而《李自成》印了几百万套，全部稿费才3万元。那个年代，人际关系还比较单纯，"字"还没有商品化。姚雪垠给人写字都是无偿的，有的求字者顶多送一

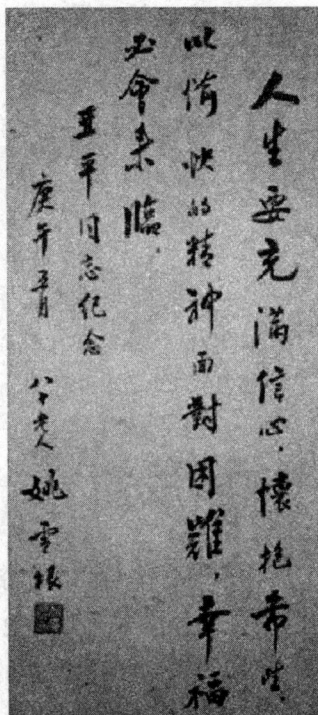

姚雪垠给青年人的题词

点家乡的土特产，比如香油、茶叶、蘑菇、木耳或者保健品，表达谢意。姚雪垠对人一再表明，我不是书法家，更不卖字，写字送人是人与人的正常交往。表现出过去文化人的特质，身上没有一丝铜臭气。即使在夫人猝然病倒，需要不断缴住院押金而经济拮据的情况下，有收藏家出高价买他的字，他依然如故，回复说："我不卖字！"

这就是姚雪垠的人格。

一〇四

1982年，姚雪垠应一位著名书法家的要求，为他即将出版的一本字帖用毛笔字作序，他写了其中一段话：

> 我不善写字，只是喜欢欣赏书法。不善写字是由于我苦无时间练习；喜欢欣赏，是因为书法是一种艺术，是我国民族文化的重要组成部分。书法和文学虽然是不同领域的艺术，但是在美学道理上颇有共同之处。稍有暇时，或写文章疲倦时，我常常欣赏字帖，一则休息，一则欣赏艺术，提高审美修养。

一〇五

法国著名华裔翻译家李治华和他的法裔夫人雅克琳，是《红楼梦》的法文译者。他们翻译的《长夜》于1984年在巴黎出版，立刻引起了读者的兴趣，不少报刊进行评论，赞扬"《长夜》是一部历史性、真实性很强的书，真正反映了20世纪二三十年代中国农村真实的社会生活风貌"。这一年的10月，姚雪垠应邀访问法国，参加马赛玫瑰节世界名作家会议和名作家售书签名活动。一天下午举行名作家售书签名活动，在多名作家中只有姚雪垠面前购书签名的读者排起了长队，他们多是国家和马赛市的高官要员，其中，有法国国务部长兼马赛市长、副市长、总统府秘书长、社会党员书记、共和国教育部长等等。姚雪垠在法文本《长夜》的扉页上用毛笔字签上名字，并盖上大红印章，购书者对其书、毛笔字

法译本《长夜》

和大红印章深为喜爱，书很快被抢购一空；未能购到书的，只好先签名盖章，以后再由出版社供书。玫瑰节尚未结束，马赛市长便将"马赛纪念勋章"授予姚雪垠。该勋章只授予初访马赛的国家元首和对国际有贡献的文化名人。这也是应邀参加玫瑰节的七十多名外国作家中唯一获此勋章的中国

1984年法文本《长夜》在法国出版，姚雪垠应邀访法。图为马赛市长德菲尔向姚雪垠授予"马赛纪念勋章"，此勋章只授予访问马赛的国家元首和世界文化名人。右为旅法翻译家、《长夜》法文版译者李治华

作家。

授勋结束后，马赛市长和姚雪垠进行愉快交谈。市长说："我年轻的时候，曾与几位漂亮的姑娘同居过。法国著名作家大仲马在生活方面也有不少风流韵事。姚先生如此聪明有才气，在年轻的时候，有无这类事情？"姚雪垠说："我结婚结得早，妻子又长得很漂亮。所以结婚以后就一锤定音，再无同别的姑娘有什么爱情。"市长耸耸肩膀，有点遗憾地说："这太可惜了！"

一〇六

姚雪垠在访法期间，送给法国总统密特朗一本法译本《长夜》，还有他的一幅书法作品"政治树高勋文章作名家"，并附有一封短信：

密特朗总统阁下：

一九八〇年秋，您以法国社会党主席身份应邀访问北京，下榻于北京钓鱼台国宾馆，会见中国四位著名作家和一位著名画家。我荣幸地是您会见的作家之一。现在我应邀来法国出席玫瑰节世界名作家会议，特借此机会，将我的小说《长夜》法译本一册和亲笔书写的字幅一张，赠送给您，作为一位中国作家对您并对伟大的法兰西人民表示敬意。

祝您健康长寿！

姚雪垠

一九八四年十月三十日于巴黎

过了几天，姚雪垠在巴黎收到了密特朗总统给他的复信：

亲爱的姚先生：

　　我和我的夫人对您给我们寄来的您的作品法文译本表示感谢，对您的亲切题词，我们尤表感谢。

　　虽然我们不懂中文，您的信需要译者翻译，但您的书法之美使我们大饱眼福。

　　我希望您的这次法国之行是卓有成效的。在此，您能看到对您的热情款待，正如我每次去贵国访问所受到的热情款待一样。

　　祝愿您的《长夜》在法国获得成功。亲爱的姚先生，请接受我的衷心敬意。

共和国总统弗朗索瓦·密特朗

1984年11月6日于巴黎

　　1984年11月8日，姚雪垠满载访法的荣誉和成功，由巴黎飞返北京，密特朗总统的夫人正好同机前来中国进行访问。总统夫人派她的随员，在飞机上找到姚雪垠，用不熟练的中国话说："总统夫人订于11月11日上午，在北京四川饭店宴请几位著名作家和学者，请您务必参加。请柬已由法国驻华大使馆发出，您一回到北京即可收到。"

　　姚雪垠回到北京后，应邀出席了密特朗总统夫人举行的宴会。

一〇七

新加坡女记者拍摄的照片（1985 年）

1985 年 1 月，姚雪垠访问新加坡，参加新加坡第二届国际华文文艺营及金狮文学奖颁奖仪式。大会邀请姚雪垠作为国际评委之一，负责审阅小说部分，并请他作了专题演讲《历史小说与历史》。姚雪垠的演讲十分成功，给与会者留下了深刻印象，新加坡和香港的中文报纸都做了报道。

一位采访姚雪垠的新加坡《联合晚报》的女记者张曦娜在报上发表了她对姚雪垠的印象记：

要怎样形容姚雪垠呢？自信、直率、爽朗、豪气、幽默……都是，但都不足以形容我眼前这位一头银发、神采奕奕、面色红润、敢说敢言、心思敏捷、才华横溢、勤奋一生、著作等身的作家、学者。

姚雪垠已达 74 岁高龄，却一点也没有给人垂垂老矣的感觉。他能言善辩，谈得深，谈得广，言谈间还透着那么一点点童心未泯的戏谑和诙谐。

一〇八

访问新加坡时，姚雪垠与台湾作家三毛相识。在文艺营活动结束后的欢送宴会上，姚雪垠走到三毛身边，轻声问道："你明天几点钟飞回台北？"

没想到这一句话使三毛动了感情，她忽然站起来，扑到姚雪垠的胸前，小声说："姚先生，您亲亲我！"姚雪垠带着亲切的微笑抱住三毛，在她的两颊上各亲了一下。这时三毛哭了起来，哽咽着对姚雪垠说："中国大陆也是我的祖国，是我的父母之邦，至今我却没有能够回去看看。"姚雪垠说："三毛，别难过了。你什么时候想回大陆去看看，我就什么时候请中国作家协会对你发出邀请。"

姚雪垠与中国台湾女作家三毛在新加坡辞别时，三毛失声痛哭

《李自成》部分版本

"我虽然想回大陆看看，可是台湾不会同意……"三毛说完，便热泪奔涌，失声痛哭起来。刹那间，大家都停止了谈话，所有的眼光都集中在了三毛和姚雪垠的身上。新闻记者举起照相机，三毛不愿意让拍哭照，赶忙用文件袋遮起脸孔。姚雪垠激动地大声说："三毛，这是民族的眼泪，崇高的眼泪！不要遮起脸孔，赶紧取下纸袋，让大家拍照吧！"

　　三毛与姚雪垠离别时的动人情景，中外媒体作了报道，一时成为海峡两岸作家之间交往与情谊的美谈。

一○九

　　宴会结束后，在返回酒店的汽车上，姚雪垠对坐在旁边的三毛说："明早我给你写几句话，你带回去作个纪念吧！"次日凌晨，他三点多起来，首先在水印宣纸信笺上，写下了唐朝诗人王勃的两句诗："海外存知己，天涯若比邻。"

　　姚雪垠将诗改动了一字，把"内"写成"外"。写完后，姚雪垠又题一首他的旧作七绝送给三毛：

　　　　浪漫精神是耶非，
　　　　梦乘彩笔九霄飞。
　　　　云霞绮丽复奇伟，
　　　　随意采来补我衣。

　　写好之后，姚雪垠把字折叠好，连同给三毛的短信一起装入信封，从门下边塞进三毛的房间。

　　姚雪垠送别三毛回到自己的房间，发现地上有一封三毛的信：

姚先生：

不会忘记昨日分别时流下的眼泪，

但愿今生今世能够再见。

数日相处，一刹永恒。

谢谢赐字，一定永远不会丢掉，而且珍存。

明日彼此便是天涯了。比邻同胞，血胜于水。

请多保重。旅途劳累，回家好好休息。

晚辈

三毛

敬上

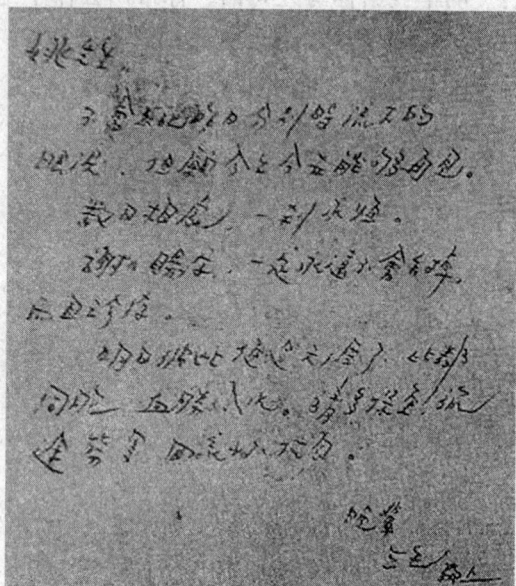

三毛手迹

一一〇

在三毛飞回台北的第二天，姚雪垠飞到香港，他在接受记者采访时，3次谈起三毛，都禁不住热泪盈眶。他说："民族感情是永恒的，我们国家的分裂只是暂时现象，祖国大地终久是会连成一体的，中国人终究是要走到一起的。不管台湾、大陆的作品，只要写得好，都是中华民族的光荣。我愿以老作家的资格邀请台湾作家回大陆看看，不谈政治，只看祖国河山的壮丽。假如他们不愿来，我愿他们邀请我到台湾去。"

1991年，（台湾）中国作家艺术家联盟在台湾成立，姚雪垠和大陆其他几位老作家被聘为顾问，并向他发出访问台湾的邀请。中国作家协会考虑到姚雪垠毕竟已是耄耋之年的老人，为安全起见，最终未能成行，这成为姚雪垠和台湾文学界朋友的一大遗憾。

姚雪垠在香港进行为期一周的参观访问，会见文学界的老朋友，参加《李自成》的售书签名活动，和香港文学青年座谈，回答他们提出的关于《李自成》创作上的问题。特别是在香港停留期间，和香港著名作家刘以鬯久别重聚。他们于1947年在上海相识，刘以鬯开办的怀正文化社给姚雪垠出版了《雪垠创作集》：《差半车麦秸》《牛全德与红萝卜》《长夜》和《记卢镕轩》。刘以鬯在姚雪垠去世后撰文说：

> 我那个时候喜欢姚雪垠的小说。说姚雪垠是文学天才，绝非过誉。多年来，他的作品有力地证明了这一点。抗日战争爆发后，读者因为读不到优秀

作品而怀疑"文艺无用",他的《差半车麦秸》发表,使广大读者恢复了对作家的信心。抗战胜利后,他又写了《长夜》,使真正爱好文艺的读者读到了出色的长篇创作。

姚雪垠对自己的要求比读者对他的要求更高。收在专集中的四本书,都是他自己在那个时期认为满意的作品。

姚雪垠为香港读者签名

一一一

无论姚雪垠在新加坡还是在香港,不少友人、读者和记者除了谈《李自成》外,都提到他抗战时期的长篇小说《春暖花开的时候》。一位金发碧眼的外国女记者甚至把《春暖》作为采访主题,通过翻译一再问:"姚先生,我像'太阳、月亮还是像星星?'"人们之所以对《春暖》有这么大兴趣,是因为它真实地反映了抗战初期国民党统治区河南一县城一群男女青年的抗日救亡生活,小说的生活气息浓厚。

它不是从抽象的概念出发宣传抗日，也不是着眼于"机关枪哒哒哒……"而是始终着眼于写生活。

新加坡作家严晖发表的《姚雪垠及其〈春暖花开的时候〉》一文说：

> 《春暖花开的时候》写抗日战争时期在大别山的一群青年男女的抗战工作和生活动态。当时相当轰动，大后方的青年读者很羡慕那种生活，觉得既新奇又很有意义。曾经过那种生活的读者，好像重温旧梦，又思念起那一段活泼生动的日子，即使抗战结束多年，仍有一种亲切的感觉。

> 另外，小说写出了一群性格鲜明、有血有肉的人物。最脍炙人口的就是性格犹如"太阳、月亮、星星"的3个女

姚雪垠和秦牧访问香港

性，阅读后使人难以忘怀。小说中有鲜明的语言特色，朴
素、明快，读起来顺口、很美。

这就是新中国成立后《春暖花开的时候》在大陆绝版数
十年，而在香港却有3个版本不断翻印，引起香港和海外华
人读者浓厚兴趣的原因。

姚雪垠与香港文学青年座谈

一一二

1990年10月是姚雪垠的八十华诞，又适逢他从事文学创
作60周年，湖北省举行姚雪垠文学创作学术讨论会，收到全
国各地的文艺单位和个人的贺信、贺电和论文。

中国作家协会书记处的贺信：

在姚雪垠同志八十诞辰之际，姚雪垠同志从事

文学创作60年学术讨论会在武汉召开，我们谨向大会和姚雪垠同志致以热烈的祝贺！

姚雪垠同志是我国最有影响的著名作家之一，在半个多世纪的漫长岁月里，姚老辛勤笔耕，创作丰盛。他创作的长篇历史小说《李自成》，在我国当代文学史上写下了辉煌篇章。他严肃的创作态度，坚持真理和执着追求的优秀品质，是我们学习的榜样。认真总结姚雪垠同志的创作经验，对于文学界坚持社会主义文艺方向，繁荣文学创作，有着十分重要的意义。

一一三

著名作家刘白羽的贺信：

你老而弥坚，壮志不已。我盼望你完成《李自成》后，再写出《太平天国》，使华夏雄风，腾飞世界，推动社会主义文学向珠穆朗玛峰勇进。

著名诗人臧克家以诗的语言向姚雪垠祝贺生日：

毅力、才力、学力、识力，创作六十年，质高量也大；

好友、老友、益友、诤友，相交半世纪，知面又知心。

一一四

著名剧作家曹禺在贺信中说：

> 从抗日年代开始，姚雪垠先生即以如椽之笔为中国劳苦大众呐喊；近三十年来先生致力于的长篇巨制《李自成》，开辟了"五四"以来中国历史小说的先河。姚雪垠先生对社会主义文学事业的卓越贡献和高度的社会责任感，将作为一代楷模为人敬仰。

时任文化部代部长、著名诗人贺敬之在贺信中说：

文学"马拉松"
《李自成》出版五十年研究文选
刘起林 主编
中国青年出版社

为纪念《李自成》出版50周年出版的研究文选

姚雪垠同志是我国文坛上跨越新旧两个时代，一生追求进步，而且至今仍然活跃在文艺战线上的一位德高望重的著名作家。早在新民主主义革命时期，姚雪垠同志创作的文学作品就以其鲜明的反帝反

2005年邓州市在修复花洲书院时，在院内建起的姚雪垠文学馆

封建的进步内容获得了文学界的好评，载誉中国文坛。新中国成立以后，姚雪垠同志致力于历史小说的创作，长篇巨著《李自成》，以其高屋建瓴的唯物主义历史观，以其对明末社会生活全景式的历史描绘和血肉丰满、性格鲜明的典型人物的塑造，以其恢宏壮丽的结构、通俗典雅的语言，被誉为我国当代文学史的"一部规模宏大的悲剧性史诗"。它在继承我国优秀的文化传统，借鉴国外积极的文化成果，追求中国文学的民族化道路方面，积累了丰富的艺术经验，把当代我国历史题材的文学创作推向了一崭新的高度。

一一五

著名诗人、国际文化交流使者朱自奇在贺信中说：

我在出访美国、法国、苏联和日本等国时，也曾听到不少当代作家、翻译家关注称赞《李自成》和它的作者。如法国的维尔戈尔、日本的井上靖、美国耶鲁大学文学教授黄白飞、乌克兰老作家及汉学家契尔珂等等。姚老生活根底扎实，理论基础深厚，新旧学识渊博，作品严谨，逻辑性强，他的文笔也可说达到了雅俗共赏的完美境界。特别是古典文学修养深厚，继承发扬了中华民族灿烂的文化传统，比西方同类作家是要高出一筹的，令人佩服。

河南大学知名教授、中国古典文学专家任访秋在贺信中说：

> 雪垠以他的不可一世、天才横溢的彩笔，在分析研究晚明一代朝野史事的基础上，从宫廷到民间，从封建贵族、士大夫到闾里细民，对他们的生活、思想和活动，无不给以活灵活现、栩栩如生的描绘与刻画。不仅如实地反映了时代的面貌，并且传达了特定的时代精神。而在各色各样人物的塑造上，给中国小说人物的画廊里增添了许多值得传诵、为读者不能忘怀的鲜明形象。所以雪垠这部伟大的巨著，定能经得起时间的考验而成为中国当代文学史上不朽之作。若从文坛的地位来看，可以毫不夸张地说，雪垠不仅可以追步鲁迅、郭老、茅盾诸大师，而且可以与巴金、老舍、曹禺诸名家相颉颃。

他的儿子、文化学者任亮直说："先父的评价，是从自己平生研究中国文学史的视角出发，在对中国小说进行了全面扫描、对照中得出的结论，决非是无原则的溢美之词。"

一一六

姚雪垠在学术讨论会上曾深情地说："我生于1910年，在我诞生的70年前，中国已沦为半封建半殖民地的处境。从我童年起，就熟闻帝国主义列强如何对我国的蹂躏和宰割；

以后年纪稍长，亲眼看见东西洋人如何在神州大地上横行霸道，也亲身体验了封建势力的种种表现。民族的不幸命运，国家的危亡和屈辱的命运，广大人民的悲惨命运，使我在青少年时代就形成了强烈的爱国主义思想和对中华民族的历史责任感。"

湖北三老。左起：徐迟父女、姚雪垠夫妇、碧野夫妇

晚年的姚雪垠老骥伏枥，志在千里，他说："我今年仅仅八十整寿，离百岁还很远呢。我追求事业的热情依然未减，艺术思维能力也未衰退，我不能停止长征。具有五六千年文明史、三千多年光辉文学史的伟大祖国，需要我继续服务。""我还要像一匹老马，驮着重负，趁着夕阳晚霞，不需鞭打，自愿在艰苦的创作旅途上继续长征。中华民族的新文学需要发展，人民需要文学，我不能放下我的义务。"

一一七

　　1990年6月1日，姚雪垠决定，把家乡南阳市档案馆作为他存放全部档案资料的基地。在捐赠仪式上，姚雪垠捐赠

上图：姚雪垠捐赠手稿仪式
下图：捐赠的部分文学资料

了《李自成》第一、二、三卷及其他部分手稿和文学档案，共计48卷237本共1万多页，全国21个省、市、区出版的《李自成》版本160册，书信96封，录音录像带86盒，他荣获的中外文学奖章、证书8件，共584件（册、盒）。

此前，自1988年以来，姚雪垠已先后向该馆捐赠个人著书、信件、诗稿、题词、照片和录音、录像带等珍贵资料3000余件（册、盒）。

1999年，南阳市委、市政府决定：在南阳卧龙岗批地10亩，修建南阳名人馆、姚雪垠文学资料馆。

一一八

1953年，姚雪垠调到武汉作家协会，一个人常年在武汉工作和生活十分不便。为了照顾丈夫的生活，让丈夫更专心

姚雪垠夫妇相濡以沫近70年

地从事创作，1961年王梅彩毅然辞去开封的教师工作，把家搬到武汉。除了为丈夫做好后勤外，还学会了打字，用老式打字机打出了一二百万字的稿子。同时陪伴丈夫度过了漫长的风雨岁月。特别是在1957年，姚雪垠被错划为"极右派"，受到猛烈的批判斗争，顿时陷于灭顶之灾。在他一度悲观绝望，甚至在长江边徘徊的关键时刻，王梅彩及时从开封来到丈夫身边，给了他极大的精神慰藉，使其度过了精神上最痛苦的岁月。

到了古稀之年，王梅彩为了节省开支，坚持不请保姆，每天自己买菜、做饭、洗衣、取报、送信、打扫卫生、接待客人。友人和家乡来人说："姚老家的门最好开，来人一按门铃或一敲门，王老师就会声音洪亮地回应：'来了！'很快

姚雪垠外出参加活动时写字是一大任务

把门打开；客人一进屋，就忙着让座泡茶，甚至留下友人和家乡来人吃饭。人们对王老师无不交口称赞，说她待人亲切和蔼，热情好客，淳朴善良，实在厚道，勤劳能干。从来没有见过王老师和其他家人对来人冷脸冷语，甚至拒之门外。"儿孙都知道她有句家教名言："火心要虚，人心要实。"王梅彩在1992年突然中风瘫痪失语，从此才停下了一辈子的辛勤劳作。姚雪垠常含着眼泪对友人说："梅彩这辈子跟着我，吃了不少苦，没享什么福。《李自成》中有她不少心血和汗水。"

1991年5月25日，姚雪垠给台湾作家陈纪滢的信中说："我结婚早，老伴名王梅彩，同我结婚时才18岁。我们风雨同舟、甘苦共尝，至今已历60春秋。她年轻时相当美，河南朋友中曾有'取妻当如王梅彩'的话。至今她身体健康，家务事全由她管，使我可以专心写作和研究学问，对日常生活琐事全不费心。"

一一九

因妻子王梅彩突然病倒，生活上失去了无微不至的照顾和靠山，无疑是对姚雪垠巨大的精神打击，一下子衰老许多。他对重病卧床的妻子更加关怀备至，他每天都要来到妻子的病榻前看望，有时拉着她的手，含着眼泪地对儿孙们说："你们一定要照顾和侍候好你们的母亲、奶奶，没有你们的母亲、奶奶，就不会有我今天的成就，就不会有《李自成》；你们的母亲和奶奶，是咱们家的大功臣。"

为了减轻妻子病中的痛苦和寂寞，姚雪垠经常放下紧张的工作，和儿子、儿媳一道推着坐在轮椅上的妻子，到家附近的河边、公园散步。有的老友说："雪垠和梅彩相濡以沫将近70年，从一而终，不愧是作家中的模范夫妻。"

一二〇

姚雪垠性格中的真诚、耿直、豪爽，常表现在他从不隐瞒和忌讳自己的缺点，能够勇于解剖自己。

姚雪垠在20世纪90年代撰写的回忆录《我的前半生》中，剖析了自己的性格特点："假若你向我的老朋友们提出这样一个问题：姚雪垠的性格特点是什么？你准会得到各种不同的回答，甚至是毁誉各异。假若是问我自己，我会告诉你，我的性格有各种弱点和毛病，但有一个十分重要的特点，使我在一生中能够屡经挫折而不曾消沉和倒下。那就是：非常坚强的事业心和永不消沉的进取心。"

姚雪垠在书房（1978年）

姚雪垠去世后，在多次举行的纪念会或作品座谈会上，参会者不论发言或撰文，除了谈姚先生一生取得的卓越的文学成就外，还回忆他难能可贵的精神、人品和道德。湖北一位教授、诗人在百年诞辰纪念会上用诗一样的语言深情地说："姚老曾说：'我从没有梦想过我将在现当代文学史上成为一棵大树，然而，我自信是一棵可以经得住'疾风'考验的'劲草'。我以为，姚老一生既不媚权，也不媚俗，是一位任何时候都敢于说真话，不说假话的学者；是一位始终坚守情操，坚守信念，对历史负责、对人民负责的作家；他的身上始终充溢着一股'富贵不能淫，贫贱不能移，威武不能屈'的志气、骨气、勇气、正气、豪气。他既是一位经得住'疾风'考验的'劲草'，更是我国现当代文学史上的一棵硕果累累的参天大树；他是一位饱含忧患、历经沧桑、才华横溢、傲然不凡、著作辉煌的文坛巨匠，也是一位博古通今、平易近人、乐于助人、诲人不倦、深受爱戴的青年导师。姚老的这种精神和道德情

姚雪垠在题词（1996年）

操，在今天的现实生活中愈发显得难能可贵，我们更应该进行宣传和弘扬。"

这位教授、诗人的发言得到了大家的高度赞同。也表达了大家对姚雪垠先生的敬意。

一二一

在纪念姚雪垠百年诞辰时，他的儿子姚海天撰文说："进入20世纪90年代，母亲患病，父亲也明显衰老，写作进度越来越慢，但经常有不速之客登门拜访，为此往往占去父亲的不少精力和时间。我和妻子王琪劝父亲像很多老作家、老艺术家一样，在门上贴个纸条：'因年老有病，请提前预约，否则恕不接待。'父亲接受我们的意见，用毛笔写个类似内容的纸条贴在门上。没过几天，门上的纸条不见了，一问，才知道是父亲撕下来了，父亲说，这种做法不妥，人家兴冲冲来访而拒之门外，于心不忍。特别是外地来人，更不能让人家远道而来失望而归。我们为父亲待人的纯真、热诚而感慨，我和王琪还能说什么呢？"

一二二

1997年2月，姚雪垠同夫人一样，也因多发性脑梗塞，突然中风，住进医院。住院的第一天凌晨2点多钟，陪住的儿子姚海天忽然被另一床病人的护工叫醒，"你看老人怎么了？"姚海天从朦胧中惊醒，看见父亲上身穿着病号服，下身穿着裤衩躺在床边冰冷的水泥地上，连忙问："爸爸怎么

姚雪垠在书房（1983 年）

啦?"姚雪垠对儿子吃力地说:"我要起来写《李自成》,写不完《李自成》对不起读者。"姚海天一听顿时泪流满面,连忙和那个护工一起把父亲抬到床上。

姚雪垠住进医院以后,怕自己一病不起,就对看望他的助手许建辉女士,用断断续续的话特意嘱咐:"《李自成》没有抓紧……对不住读者。将来写《后记》的时候,要做一个检讨……认真检讨,请求大家原谅……千万别忘记了。"

在病倒后的将近三年时间,姚雪垠常常惦念一些未来得及完成的事情,比如《李自成》第四卷和第五卷的整理、《姚雪垠文集》的编纂、《李自成》改编电视剧、向国家捐赠文学资料、捐款设立长篇历史小说奖、在家乡建立姚雪垠文学馆等等,并且一再向儿子交代和叮嘱。儿子也一再向父亲承诺:"爸爸你放心,我会尽力做到的。"

一二三

姚雪垠为了保证在生前把《李自成》全书写完,他在

1981年初，就已详细写出了四、五两卷近20万字的口述提纲，整个小说的结构、章节、主要骨架已经完成。20世纪80年代中期，又完成了《李自成》第四、第五卷口述录音书稿。姚雪垠的最后一位助手许建辉女士，配合病后的姚雪垠，为整理第四、第五卷书稿，常常夜以继日地工作。到1998年初，书稿已经全部整理完毕，进入编校中。与此同时，姚海天主编兼责编的《姚雪垠书系》也在抓紧编纂中，进度很快，为的是争取让父亲早日看到《李自成》第四、第五卷和《姚雪垠书系》的出版。

姚雪垠计划最后定稿本的《李自成》，全书分10～12卷，每卷有一个独立书名，结构上可以相对独立，这样处理，并不损害整部书的完整，且便于读者分卷购买，选卷阅读。

姚雪垠逝世4个月后，按照他的原定计划，《李自成》编辑出版了两个版本，即《李自成》5卷本和《李自成》10卷本，两个版本同时流行于读者中，受到认可。姚雪垠辞世不到一年，22卷本《姚雪垠书系》也与读者见面。但是，姚雪

姚雪垠在与友人交谈（1992年）

垠在生前未能看到期待已久的《李自成》第四、第五卷和
《姚雪垠书系》的出版，是一大遗憾。

一二四

1999年6月3日，新华社原社长穆青为纪念刚刚去世的
老师姚雪垠，含泪撰写了题为《忆雪垠老师》的文章：

> 最使我难忘的是去年国庆节期间，我最后一次
> 到医院看望他的情景：当时他因中风瘫痪症已是第
> 二次入院治疗了。走进病房，只见躺在病床上的姚
> 老浑身上下已瘦成了皮包骨头，原本大而明亮的眼
> 睛在瘦削的脸庞上更显得异常突出。我坐在他身
> 边，抚摸着他枯枝般的手臂，和他大声讲话，可无
> 论我怎么讲、怎么问，他都没有一点反应。

穆青夫妇看望姚雪垠老师（1988年）

我起身剥了一颗葡萄，去掉籽，送到他嘴里，没想到他竟很快咽了下去；我又剥了一根香蕉，一口一口地喂给他，他也慢慢地把它吃完了。看到这情景我心里多少有点欣慰，便拉着他的手又说起话来，可他还是那样毫无反应地、呆滞地看着我，看着我……

　　最后，我只得取过一张纸来，在上面大大地写上："我是穆青，来看你，望你多保重，早日康复。"我把纸放在他眼前，停了一会儿，我突然发现他眼里有一点泪花。此时，我再也无法忍受心中的悲恸，放下纸片，便踉跄着含泪走出了病房，甚至不敢再回头来看他一眼。

一二五

　　早在抗战全面爆发前的20世纪30年代，少年时的穆青就读于家乡杞县大同中学。它是由河南大学教授、知名民主人士王毅斋创办的，有一批地下党员和进步人士在学校任教，国民党势力未能控制学校，学校比较风清气正，学生们思想进步活跃。在30年代中期，姚雪垠经常被挚友、地下党员老师梁雷、赵伊坪邀请到学校养病、写作和代课。姚雪垠当时已是小有名气的青年作家，讲课又生动有趣，知识渊博，自然受到穆青等同学们的爱戴，并结下深厚的情谊。七七事变爆发前后，穆青的恩师梁雷、赵伊坪奔赴抗日前线，不久在山西偏关和山东先后为国捐躯。穆青和其他一批进步同学也奔赴山西前线和延安，成为革命队伍的一员。"文革"结束后，姚雪垠和穆青同居住京城，往来频繁，逢年过节穆青必到木樨地看望自己的老师。姚雪垠病逝后，穆青含着眼泪连夜写下了感情笃深的纪念文章《忆雪垠老师》，发表在《人民日报》上。

1993年，穆青专程赴山西偏关祭拜恩师梁雷，回京后撰写了《泪洒偏关》长文

一二六

《小说选刊》1999年第1辑将《李自成》的结尾卷第9章至25章率先刊出，并且写了题为《500万人的一个心理句号》的编后记：

> 姚雪垠先生写《李自成》在当代中国小说史上是一件大事。不必说它的超长的篇幅巨大的影响，

单是历经40余年传奇般的创作出版过程就让后人难以企及。这不光是个毅力问题。

一个故事讲到半截，想接着听你得等上十几年。从20世纪60年代到80年代，500万读者都爱兴趣盎然地接着看，这一现象本身就非常了不起。从80年代到今天，又是十几年过去了，很多当初还是青年的读者，已经在对故事的结局的等待之中步入了老年。但是他们还在等待，就好像一个年轻时代的梦还没有做完，就好像你只是暂离了一席盛筵，所有的人都在静静地等着你回来一样。雪垠先生故去了，所幸的是他的漫漫长卷也终于完成。

一二七

中国青年出版社曾收到一封《不读完〈李自成〉死不瞑目》的读者来信，信中说：

我们的老家是河南南阳市，家中有位80多岁的老父亲。父亲终生从医，一生中阅读的都是医学方面的书籍，他很少阅读过，也可以说就没有读过其他小说之类的书籍。现在年纪大了，眼睛也不好，很少看书了，一次偶然的机会，他看了一本《李自成》。看后，如获至宝，这本书写得太好了，可惜就这一本，再也找不到其他几本了。几年来，找不到《李自成》的后几本，成了他的一块心病，逢人就打听，看谁能帮忙买到，借到也行，哪怕是私人书摊上有，也不惜重价购买，可是，跑遍了南阳市也没见到这套书的踪影。

我们是他的儿女，自然是封封来信都忘不了这件大事，我们看他老人家简直是在这有生之年若看不到全套《李自成》简直是死不瞑目。作为儿女，如不给他解决问题，也会终生感到遗憾。

后来，在郑州煤矿机械厂的大图书室里，看到了《李自成》，仅有一套，其中有两本书皮已掉，可这是库存书，不得外借，又何况我们借后要拿到南阳去呢！几经周折，托人借了出来，但限了归还的时间。因此，拿到了书也犯愁。在郑州商业大厦工作的小女儿建议发动家庭成员把书全部抄下来。我们认为这太费时间了，不太现实。春节，坐在厂值班室内，心里还想着这件事。后来想到以试试看的心情，给你社写封信，请问你社有否《李自成》存书，哪怕是旧的也好。请速回信告知，以及书价。回信后，我们立即寄钱去邮购。好同志麻烦你们了！如事成，以后一定好好感谢你们。

一二八

1999年9月，中共中央宣传部、文化部、广电总局、新闻出版署、中国文联和中国作家协会，隆重推出向国庆50周年献礼的10部优秀长篇小说，姚雪垠的《李自成》全书5卷列入其中。

为此，中国作家协会1999年11月5日决定，对10部献礼长篇小说的作者予以表彰，姚雪垠的三子姚海天，替父亲领了嘉奖证书。

同年，《李自成》全书5卷本入选中国图书奖和中宣部"五个一"工程奖。

一二九

1999年12月21日，新加坡读者黄登南给姚雪垠的儿子姚海天写信说："我是一位新加坡令尊姚雪垠先生的长期忠实读者，也是中国不朽名著长篇历史小说《李自成》的忠心不二的读者，20年如一日。今天上午，我在本地书局顺利购得由中国青年出版社于1999年9月出版的平装本5卷、12册的《李自成》，真是如获至宝，兴奋得几乎落泪。"

其实，《李自成》第一卷出版后，新加坡就拥有一批读

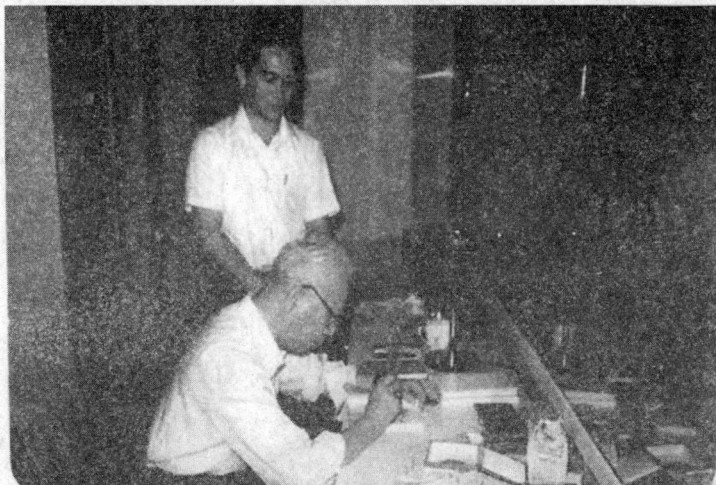

姚雪垠访问新加坡时给《李自成》读者黄登南签名（1984年）

者。姚雪垠在1985年访问新加城时，黄登南就带着《李自成》1～3卷到酒店拜访心仪已久的姚雪垠，并请他在每册书上一一签名，说要珍藏留给后人。

一三〇

姚雪垠计划完成《李自成》以后再写太平天国。但太平天国写什么？他在1961年以15封书信体的形式写出了《太平天国》（后来定名《天京悲剧》）部分内容概括。但这15封原信件至今下落不明，不知去向。幸好，姚雪垠的至交湖北大学的周勃教授保存下来了其中14封信的抄件，十分珍贵。通过这些信件，可以大体了解《天京悲剧》的创作思路和小说前半部的故事轮廓。

这14封信的内容是：第一封信已遗失（从第二封信的内容可知是写金田起义后太平军战胜清兵的围追堵截，进军桂林）；第二封信为围攻桂林（上）；第三封信为围攻桂林（下）；第四封信为全州血战；第五封信为湖南扩军与传檄天下；第六封信为萧朝贵偏师袭长沙；第七封信为长沙大战；第八封信为横渡洞庭湖；第九封信为攻破武昌；第十封信为武昌度岁；第十一封信为由武昌到南京城下；第十二封信为占领南京（上）；第十三封信为占领南京（下）；第十四封信为恐慌的北京城；第十五封信为胜利前进。内容梗概6万字。

友人说：姚老驾鹤西行带走了小说《天京悲剧》，成为读者永久的遗憾。

一三一

姚雪垠的助手许建辉在《李自成》全书发行之前，专门写了一篇文章《替雪垠老说几句话》，她说："如果说《李自成》写得慢，这是事实；如果说写得慢是因为没有抓紧，我则为老作家抱屈。一位高龄老人，天天凌晨3时起床，稍事活动之后就开始工作。不分春秋冬夏，不论严寒酷暑，没有星期天，不休节假日，除去一杯清茶，再无其他爱好与消遣。悠悠数十载，朝思暮想魂牵梦绕的，除了《李自成》，还是'李自成'。正所谓夜以继日，废寝忘食。还要怎么抓紧呢？我想不出！"

"依我说，写得慢的原因是多方面的，多方面的原因却只有一个在雪垠老——他太认真了，认真得有些拗，有些'迂'！"

"举个例子说吧。第五卷中的《兵败山海关》单元，早在10多年前就写出来了。只因为对吴三桂的形象不满意，雪垠老就把近10万字的录音稿全部装进了牛皮纸袋，用红铅笔在纸袋上注明作废，并加了着重号，然后重新另来，一个字一个字从头写起。"

一三二

姚雪垠去世后，他的儿子遵照父亲遗愿，将父亲的手稿、书信、藏书、字画、卡片等，分批无偿捐献给中国现代文学馆。为鼓励和繁荣长篇历史小说创作，姚雪垠的家属又在2000年1月31日，将他获得《李自成》的稿酬50万元人民币捐献出来，中国作家协会十分重视，很快决定设立"姚

雪垠长篇历史小说奖励基金"。这是中国历史上个人捐款设
奖最多的一位老作家。

《李自成》第四、第五卷手稿

姚海天向中国现代文学馆捐赠
父亲手稿仪式

迄今"姚雪垠长篇历史小说奖"已评选两届，有8部优
秀长篇历史小说获奖，它们是：《曾国藩》（唐浩明著）、《梦
断关河》（凌力著）、《张居正》（熊召正著）、《汴京风骚》
（颜廷瑞著）、《乾隆皇帝》（二月河著）；《漕运码头》（王梓
夫著）、《张之洞》（唐浩明著）、《蒙古帝国》（包丽英著）。

社会公认，姚雪垠的长篇历史小说奖已成为层次高、有
权威、声誉好、影响大的全国重要文学奖项之一。

一三三

姚雪垠、王梅彩夫妇去世后，骨灰被安葬在北京西郊香
山与八大处之间的名人墓地——福田公墓。墓地古朴庄重，
墓碑前摆放着一座形状为书卷的汉白玉雕塑，在书的右页上
刻有他一生3个不同时期的长篇小说代表作：《春暖花开的时
候》《长夜》《李自成》，在书的左页镌刻着他1975年4月手

书七律一首：

> 试问迢遥路若何？
> 丰碑数尽玉嵯峨。
> 低回红楼辞水寨，
> 怅望青枫吊泪罗。
> 子美应夸诗律细，
> 耐庵未必英雄多。
> 心随八月潮头壮，
> 弱腕引弓射大波。

汉白玉书页上镌刻的代表作和旧体诗，概括了姚雪垠一生的主要文学成就和追求抱负。

姚雪垠夫妇安息在北京西郊福田的墓地

姚雪垠夫妇安息在北京西郊福田的墓地

我心中的姚雪垠

一位豪情满怀的人

袁宝华

1931年暑期，我由南阳初中毕业到开封报考高中，住在河南大学哥哥的宿舍里，在校刊和开封的报刊上读到过雪垠的文章。当时，他是大学预科学生，在学校里已有较高的知名度。有一次在校园里看到一位面容清秀、目光炯炯的青年走过去，哥哥告诉我，他就是姚冠三，笔名姚雪痕。他的炯炯目光给我留下深刻的印象。后来，听说他因参加学潮被学校开除，为了躲避国民党抓捕，离校他去。1934年，我到北平进了北京大学，又在北平和上海的报刊上读到他的文章，已改用现在的笔名姚雪垠。听说他就住在北大附近沙滩的公寓里，但无缘识面。一直到1937年"七七事变"

后，我回到开封组织成立平津同学会，在当地抗日救亡活动中才得以相识。当时，他正忙于《风雨》周刊的编辑和写作，这个刊物旗帜鲜明、文风犀利，在河南影响很大。

1938年夏，河南省委决定成立河南青年救亡协会，他和我都到郑州去进行筹备工作。由于战局变化，我们又一起到舞阳，参加筹备工作的还有省委青年部部长谢邦治、中国青救协组织部部长赵梅生、武汉青救团刘玉柱、西安民先总队部丁发善和舞阳青救会陈麟堂等。6月初正式召开成立大会，通过了由雪垠起草的宣言（后来刊登在武汉《新华日报》上），我们都当选为执行委员。在舞阳期间，他常谈起，为了写作他多年来注意收集群众的语言，如有的农民拍着胸脯说："管他青杏毛桃野谷子，天王老子地王爷，人血一般红！"多么激昂慷慨，铿锵有力！这句话我一直记着，

抗战三友。左起：袁宝华、姚雪垠、韩作黎

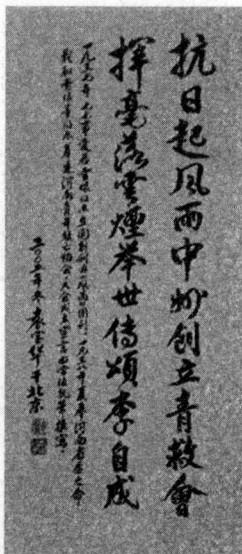
袁宝华书写的条幅

后来在《李自成》第一卷又看到，备感亲切。

会后，我和他还有刘玉柱一块回到南阳，他的夫人王梅彩也从邓州来，他就留在南阳。由于我要陪刘到南召去，就和他分手了。后来，听说他到襄樊五战区工作。从此，天各一方，音讯不通。但我在延安时，还在重庆出版的杂志上读到过他的小说《春暖花开的时候》。

——摘自原国家经委主任袁宝华《一位豪情满怀的人》

雪垠，我们是一起革命的老战友啊

王国权

我对文学不懂，但对雪垠还是比较熟悉的，因为我们青年时代就在一起。雪垠的创作过程我大体了解，这60年确确实实很不简单，我们在一起差不多也是60年吧。这中间有一段时间没在一起。

1929年秋，我们一起进河南大学。进河大以后，1930年我们组织了一个西北研究会，1931年组织了"今日社"，以后又搞了个大陆书店，它是在党领导下的。在开封市委书记

江少文同志的直接领导下，我们办的大陆书店出版了两个杂志，一个是《今日》，一个是《大陆文艺》。《大陆文艺》杂志的主编就是雪垠同志，《今日》杂志主编是宋一翰。因为书店出售进步书刊，杂志刊载进步文章，后来大陆书店被开封当局查封了，两个杂志也先后被查禁了。宋一翰同志先被抓了起来，有人给我们送信，说马上要抓我和雪垠两个人，我们赶快通知江少文书记躲避。那时候，我们年轻胆子大，跑出来以后，改名换姓，去看了刚关进监狱的宋一翰，隔着监狱墙壁的一个小洞洞，与宋一翰见了个面，打了招呼，但不好说话，他做了个手势，意思是让我们赶快走。我和雪垠出来以后，马上上了火车，跑到我巩县的家。后来和我们一起工作的苗化铭也来了，他们在我家住了两个月。在此期间，家里逼我结婚，我本来不同意，雪垠劝我说，咱们这些同志，将来天南地北还不知道以后怎么样，人总归是要结婚的，结了算了。我听了雪垠的劝说，就结了婚。

两个月以后，风声过去，我们回到了开封。当时国民党开封市党部的书记一个是陈曼丽，一个叫刘西伍，刘西伍现在台湾，还活着，已90多岁了。这两个人还扬言要抓人，不放过我们。于是，雪垠就跑到了北平。日本东京的同志写信给我，让我去东京，于是我去了东京。所以，我对雪垠同志

参加姚雪垠手稿捐赠仪式来宾合影。前排左起：袁宝华、刘白羽、王梅彩、姚雪垠、邓力群、王国权、宋一平、林默涵、白介夫

的革命过程是知道的，而且我们是一起革命的老战友啊！（姚雪垠插话：所以，我们总结经验，从30年代革命浪潮里头走上创作道路，这对我一生影响很大。）

后来，雪垠写了《李自成》，我也是《李自成》的读者，我也从中受到教育。今天，我借这个机会谈谈我和雪垠同志当年一起参加革命活动的难忘经历，也向他取得的文学成就表示祝贺，并且祝愿雪垠今后做出更大的成就、更大的贡献。

——摘自民政部原副部长王国权在"姚雪垠手稿捐赠仪式"
　　上的讲话（1990年6月2日）

姚老师给了我很好的文学和思想的启蒙

穆 青

我和姚老师最初的相识，早在60多年以前。那时，我还是一个十四五岁的初中学生，在家乡河南杞县大同中学读书。1935年年底，姚老师经梁雷老师介绍，来到我们学校。20世纪30年代的中国，国难深重，民不聊生。地处豫东一隅的杞县大同中学，因为校长王毅斋的影响力及开明态度，再加上中共地下党的积极支持，抗日救亡运动得以蓬勃开展，成为莽莽中原少有的一块净土。我后来得知，姚老师当时也是因为受到政治迫害才辗转到这里避难的。

记得当时校园里有一个幽静的小院，姚老师就住在这里。平时，他总是闭门写作，很少外出活动。有时候梁雷老师有事，便请他给我们代课。我现在还清楚地记得他上课的情景：经常穿着一件蓝布长衫，大襟上插着一支钢笔；讲起课来从不拘于课本，总是借题发挥，宣传革命思想，语言充满了感情。有时激动起来竟热泪盈眶，使我们深受感动。

饱满的激情，儒雅的风度，使姚老师很快赢得了学生们的敬爱。

当时学生中有一个课外文艺小组，大家在一起阅读进步文学，交流写作体会。和姚老师熟悉后，没多久我们都被吸引到他身边，一得空儿就去他那间小屋，听他讲文学，谈时局，讲他经历的故事。而他也非常热情，总是不厌其烦地解答我们的每一个问题。常常是夜深人静、月影西斜时，他的小屋里还弥漫着热烈的气氛。几十年后，他曾在一首诗里这样充满激情地回忆起当时："繁星深院传真理，斜月幽窗写短篇。共唱救亡悲下泪，私谈局势愤挥拳。"其情其景，思之令人神往。现在想起来，尽管那段时间不长，却给了我很好的文学和思想的启蒙。

——摘自新华社原社长、著名记者穆青《忆雪垠老师》

是党和姚老师在历史的紧要关头
亲手把我送上征途的

穆 青

1936年的下半年，姚老师离开杞县去了北平。学校在梁雷老师的倡导下，创办了一份宣传抗日救亡的文学杂志，取名《群鸥》。因当时杞县缺乏印刷条件，我们便和姚老师联系，把每期的稿子寄给他，由他编好后在北平排版付印。第一期杂志在1936年年底出版，其时离鲁迅先生去世不久，记

《群鸥》月刊目录

得封面就是鲁迅先生的纪念像。现在想想，在那样的环境下，姚老师为了支持同学们抗日救国的热情，该经历了多少艰辛和风险，付出了多大精力啊！可惜的是，《群鸥》杂志刚出3期，就引起了国民党当局的注意，旋即被查封。但仅仅这3期杂志，亦产生了抗日号角的作用。从1935年年底到1936年，尽管姚老师只在大同中学断断续续住了几个月，但对学生来说，他带来的影响是很大的。对于他本人，这也是一段难以忘怀的岁月。1981年，当大同中学重新复校的时候，回首从前，他曾深情地写过一组《大同中学感旧》的诗，其中一首是悼念校长王毅斋的：

高风每忆王夫子，磊落光明是我师。
遍地阴霾惜火种，漫天飞雪护花枝。
聘来教席藏亡命，送走生徒举义旗。
坎坷忠魂应自慰，大同事业令人思。

其拳拳深情，可见一斑。

1937年夏，我从大同中学毕业后，考入开封两河中学读书。当时姚老师也从北平回到开封，在中共地下党组织的领导下，与王阑西、范文澜、嵇文甫等人创办了《风雨》周刊，他任主编之一。其时抗战已经爆发，济南、太原相继沦陷，开封也危在旦夕。但就在这样的风雨飘摇之中，他们坚持以《风雨》为阵地，团结了一大批爱国进步人士，积极宣传全民团结抗日，共赴国难，形成了当时开封抗日救亡运动的主流。我因姚老

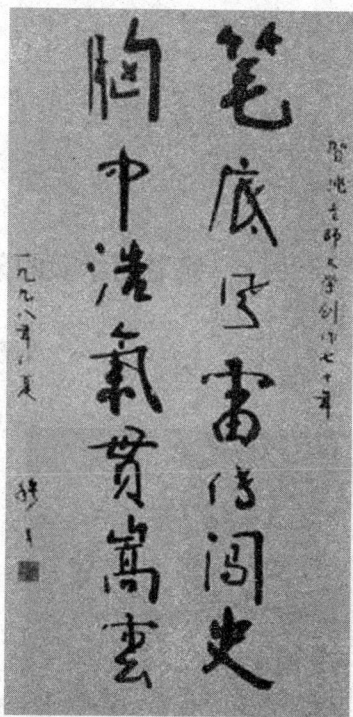

穆青为姚雪垠文学创作70年题词

师的关系，经常到风雨社帮助工作，并积极参加他们组织的报告会、座谈会、游行示威等各种抗日宣传活动。当时的风雨社，名为一个杂志社，实为我党在开封的一个联络点。据我所知，在那一段时间内，就有一批又一批热血青年，经风雨社介绍纷纷奔赴延安或山西八路军抗日前线。到1937年年底，开封形势更加紧张，我便相邀几个大同中学的同学，在姚老师的关怀鼓励下，拿着姚老师开的风雨社的介绍信去了山西，参加了当时在临汾创办的八路军学兵队。这是我参加革命的开始。我永远不会忘记是党和姚老师在历史的紧要关

头亲手把我送上征途的。

——摘自新华社原社长、著名记者穆青《忆雪垠老师》

姚老写给我的条幅竟成了绝笔

杨蕴玉

我是姚老的小老乡。当我11岁在邓县（今邓州市）县城读书的时候，就听老师说："咱县出了个大名人，叫姚雪垠，他19岁发表文章就一鸣惊人。"我听了觉得这个人真了不起，想看看他长得啥样，可惜，无缘相见。

大概是1935年上半年，我们学校来了一位女老师，叫王梅彩，教我们音乐。这位老师和蔼可亲，琴弹得很好，教的都是好歌。可惜一个学期后，她离开了学校。直到20世纪70年代我才知道，原来她是姚雪垠同志的夫人。

也是在1935年的上半年，又来了一位男老师，教我们国语，他叫梁雨田，又叫梁雷，是1929年入党的中共地下党员。他是从杞县大同中学回到本县教书的。他不但教国语，还介绍我读一些左翼作家的著作和一些通俗理论书，如艾思

家乡邓州市人民隆重纪念姚雪垠百年诞辰，图为纪念会场（2010年）

奇的《大众哲学》，还宣传抗日救国，教唱革命歌曲，教"拉丁化新文字"。梁老师对我影响很大，是我参加革命的引路人。1936年暑假，他又回到杞县大同中学，同时邀请姚老到大同中学养病、写作和代课。1937年7月初，他到了太原，脱下长衫，换上戎装，进入太原军政训练班教导队学习。8月中旬，被山西省牺盟总会派到雁北偏关，担任抗日县长和雁北游击司令。可惜，1938年3月，在反扫荡中他壮烈牺牲了，年仅27岁。他曾告诉我："我和姚雪垠在杞县大同中学是同事，他文学造诣很深，我很尊重他，视为兄长。"

我和姚老来往多了，熟了，我向姚老提出要墨宝的请求。他于1997年初春，87岁高龄时，为我写了一张条幅，让儿媳王琪送到我家里。条幅的内容是："百代风流各创新，前贤未必绝无伦。今人自辟康庄路，不拜施罗马后尘。"这首诗是他1961年春的旧作，《李自成》第一卷写完时写的，是姚老写作《李自成》的指导思想，就是说要创新，开辟新的道路。我将此条幅装裱好，精心保护。没想到，它竟成了姚老的绝笔。

——教育部原副部长杨蕴玉《姚老，我敬仰的文豪》

姚雪垠同志是不管风吹浪打，非常坚定的老作家

林默涵

我读《李自成》这样一本书，是独一无二的书，有很多话想说，总起来我对雪垠同志有这么几点看法。

第一点，他是个作家，确确实实是个作家。因为他的生活阅历非常丰富，他作品里的内容都是从生活里来的。不过，现在的一批作家，所谓作家是什么？就是自我。他作品的来源就是"我"，"我"想怎么写就怎么写。雪垠同志不是，他是从丰富的生活里来的，他有丰富的生活积蓄，他接触了各方面的人，也在各方面的接触中留意了，就把各方面的生活作为自己创作的素材，把它

留心记在心里了。看看他的《李自成》，写了多种多样的生活、各种各样的人，没有这些生活的接触，怎么写、怎么编出来呢？这可不能胡编，完全要靠自己在生活里寻找。

还有语言问题。雪垠同志是下苦功夫去收集群众语言的。许多伟大作家都是这样做的。特别是雪垠同志写历史，他的生活基础都是亲身经历的。《李自成》中的许多人物也是从活人中看到了其形象、性格，然后把他塑造出来，放在作品里边。没有中国就不会有姚雪垠，没有这么丰富的生活积累、丰富的语言收集，就不会有姚雪垠。作为一个成功的作家，这是最重要的一点。

第二点，雪垠同志非常认真。近些年我和雪垠同志接触较多，有时候开会，有时候我到家里去看他，他告诉我《李自成》后几卷的写作情况，有的部分他是写了又重写，有的发表了他说不行，推倒重来。现在有几个作家的发表过的作品又重写的？他就是这么认真，对自己要求这么高。现在有些作家、所谓作家，住在宾馆里，写了之后马上投寄发表，然后马上出书，出书以后马上就要求作家协会给发奖，再就是出国了。有几个作家像雪垠同志这样子，整章整章地写、不满意又作废重写?! 所以，这样一种认真精神，也是雪垠创作能够成功很重要的一个特征。

第三点，就是这几年我和雪垠同志经常接触中，我感觉到他非常坚定，不管怎样风吹浪打，对他造了多少谣言、谩骂、攻击，他都不为所动，他坚定地相信党的路线，坚定地信仰马克思主义，他不放弃一个党员入党时宣誓的誓词。现在，有的人把自己宣誓的东西都忘记了，而且还反对它。我想，姚雪垠同志在这一点上是很好的，他是非常坚定的。所

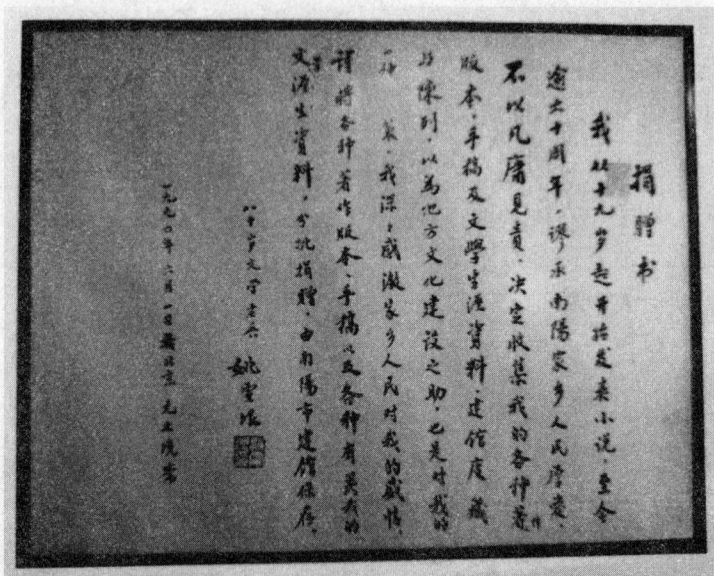

姚雪垠的《捐赠书》（1990年）

以，刚才马烽同志说，姚雪垠同志是骂不倒的，也是捧不倒的。现在捧倒了多少作家！所谓作家，就是发表一篇作品后，到处捧啊，好得不得了啊！又是什么新创造啊，又是什么突破啊。哪有那么多突破?！动不动就是突破！所以捧杀了很多人。

骂，可以把人骂倒、骂杀；捧，也可以把人捧倒、捧杀。可是姚雪垠同志既骂不倒，也捧不倒，他还是姚雪垠，所以我是非常尊敬他的。

——摘自中宣部原副部长、文艺理论家林默涵在"姚雪垠手稿捐赠仪式"上的讲话（1990年6月2日）

雪垠一生刻苦勤奋，是真正的专业作家

刘白羽

我在30年代的时候是个穷学生、穷青年。那时候鲁迅是旗手，是伟大的旗手，在左翼文学战线的影响下，我们这样一批年轻人勇气十足，走向战场。那时候经常受国民党迫害，写作也不自由。现在一些年轻同志高喊什么"创作自由"，我说像我们这样的人就感觉到有很大的自由。

雪垠的创作成就是很伟大的，这一点我是非常为之高兴的。还记得我和雪垠在抗战爆发之后就分手了，他回到他的河南故乡，办《风雨》刊物。雪垠要我写稿子，我一面四处流浪，一面给他写稿子（姚插话：那时候真可怜，他那个难劲儿，我付他几块钱稿费，白羽高兴了不得。）那时候我得到几块钱，就解决了不得了的大问题。

抗战刚开始，雪垠同志就写了轰动一时的《差半车麦秸》。雪垠能写出这样的作品，是反映人民抗战生活的根本体现。后来在大后方重庆，他又出版了著名的《春暖花开的时候》。但是雪垠最辉煌的成就，我认为可以说是《李自成》，把我们中国社会主义文学推向一个新的阶段。那次茅

中国作家代表团访日欢迎会上（1979年）。代表团成员左起：林绍纲、杨沫、冯牧、欧阳山、周扬（团长）、苏扬、姚雪垠、梁斌、柯岩、徐秀

盾文学奖评奖，我是评委。雪垠同志获得茅盾文学奖，不但当之无愧，而且茅奖是我们中国文学的荣誉。今天我看到雪垠把这么多手稿和文学资料捐献给家乡南阳的档案馆，可见雪垠一生的勤劳、勤奋所出的成果。

雪垠写作的习惯是晚上睡觉早，夜里两三点起床写作，几十年如一日，每天工作、读书、研究学问十几个小时，这样勤奋，这样刻苦，他是一位真正的一生始终如一的作家。我作为老朋友，为他的精神所钦佩，为他取得这样大的成就十分高兴，我也跟（刚才）邓力群同志一样，祝贺他所取得的成就，而且还要祝贺他将要取得的成就，那就是三年后将要完成《李自成》全书五卷。

雪垠在写完《李自成》之后，还要写作一部很重要的著作，就是《太平天国》。我们作为一个中国人，非常希望能有一部反映太平天国的伟大作品。我认为，它对海内外的赤子有很大的教育意义。我们中华民族确实是伟大的，确实是了不起的。有我们党的领导，有我们的军队，有我们的人民，再有中华民族这种伟大力量、精神力量，我们的国家会大有希望。如果再把《太平天国》写出来，到那时候我们再向雪垠祝贺！

——摘自原总政文化部主任、著名作家刘白羽在"姚雪垠手稿捐赠仪式"上的讲话（1990年6月2日）

姚老是一个摧不垮、批不倒的作家

马　烽

姚老对我个人来说，当然是老前辈。我觉得姚老是一个摧不垮、批不倒的作家。所谓摧不垮，就是因为他的作品在全国有巨大影响，不止是知识界、文艺界，而且在工农群众中也有深厚的影响，大家都是异口同声地赞扬。他并没有因为大家的赞扬而头昏了，而是继续在努力写作，用姚老的话说，继续进行"长征"。我们现在有些中青年作家，捧上两下，完了，完了！所谓骂不倒，就是他在受到别人攻击时，

姚雪垠在通山李自成纪念馆李自成塑像前沉思：李自成为什么会失败？

这个大家都知道，报上有文章（编者注：指当时刘再复等人攻击姚老的文章）不管你怎么骂，我还是按照我的老主义写，这个老主义，就是党的文艺方针路线，社会主义现实主义创作道路。我说两点，这是很值得我们作家宣传的。作家协会是个群众团体，全国会员有3500人。如果作家协会都像我这样的庸才作家，这个作家协会就没意思了。必须有一批突出的人、像样的人物，姚老就属于这一类的，就是属于我们作家里边出类拔萃的。如果作家协会有这样一批人，是作家本人的光荣，也是作家协会的体面，那么，我们在作协做工作的人也感到体面了。

再一个，我想讲讲这些手稿。这是一笔宝贵的财富，放南阳保存可以，但它确实是属于全国性的。姚老的这些手稿现在看起来很珍贵，而且将来是越来越珍贵，我想，不要说一百年之后。这是最大的最宝贵的财富。如果我们现在有一页《红楼梦》的原稿，你看它是个什么价值?! 这些手稿现在看起来当然很珍贵，但是将来时间愈长愈珍贵。

姚老我去拜访过，身体很健康，确实有年轻人赶不上的雄心壮志，这就为我们树立了一个榜样、一个楷模。所以趁此机会，预祝他身体健康长寿，能够把《太平天国》写出来。

——摘自著名作家、中国作家协会原党组书记、副主席马烽在"姚雪垠手稿捐赠仪式"上的讲话（1990年6月2日）

这样的作品，才是真正的文艺，才能尽了教育民众、组织民众的作用

田 稼

1939年初秋的一天，我到姚老在老河口的家，他的夫人王梅彩说："雪垠日日夜夜不停地写，写文章是他的命。你看桌子上的饭还在那里放着，没有动。"我就主动帮姚老抄稿子。有一次在姚老家谈话，说到《差半车麦秸》，我想起在学校读书时，老师组织演出的话剧就是《差半车麦秸》。当时，观众多，吵吵闹闹的，听不清楚台词，连"差半车麦秸"的意思也不明白。今天有这个机会，正好请姚老谈谈。

姚老答应了，他说，那是1938年我在武汉时写的。有一家朋友办的刊物问我要一篇小说，我就把《差半车麦秸》给了他们，但他们不满意，说语言太土，退了稿子，我就把稿子寄给茅盾在香港主编的《文艺阵地》。过了不久，听说

开始写作长篇小说《春暖花开的时候》，29岁时的姚雪垠，拍照于老河口（1939年）

姚雪垠（前排中）在安徽立煌（今金寨，安徽战时省会）主编抗日刊物《中原》时与同仁合影（1942年）

《差半车麦秸》发表了，茅盾写了评论，在国内外引起了轰动。《新华日报》登载了郭沫若的评论文章。马耳（叶君健）将《差半车麦秸》翻译成英文，苏联罗果夫译为俄文。茅盾先生在《文艺阵地》上这样介绍和评论："'差半车麦秸'是一个农民的绰号'是生长在北方农村的一个落后的农民。他不懂什么是抗日，他把日本兵称作'北军'，把我军称作'南军'。他为了回到被敌军占领的家园去挖几个红萝卜，自制了一面太阳旗，结果被抓住了。游击队的政委把他放了，但被另一支游击队当作汉奸抓住了。他却自愿留在游击队里。在集体劳动生活中，他一方面暴露了农民小生产者自私狭隘的缺点和习性，另一方面他那种中国农民固有的忠厚、淳朴、机警、勇敢等特性也得到了发展。他的民族意识和集体观念大大地加强了。他开始懂得了革命的意义，最后在一次行动中，他负了伤。他说'我留下换他们几个吧……'最后，他在昏迷中说胡话：'嗒嗒！咧咧！黄牛呀……嗒嗒！……'这给我们提供了一个典型环境中的典型人物，是在抗战中成长起来的中国大地的主人。这是一篇写光明面的小说，现实主义的创作道路。它没有那些天兵天将式的英雄。它只写了一个普通农民的觉醒，然而却有震撼心弦的魅力，使人们看到了抗战必胜的源泉所在。这篇小说一方面描写缺点，一方面通过缺点看出优点，点石成金。在这篇作品里，没有标语口号，没有讲理论，纯粹是故事的描写。从故事里自然可以看出深刻的道理，这样的作品，才是真正的文艺，才能尽了教育民众、组织民众的作用。"

——摘自原第五战区《阵中日报》记者田稼《怀念姚老雪垠》

雪垠同志指导我和女儿写《艺海无涯》

袁世海

粉碎"四人帮"后，由吴祖光编剧的京剧《闯王旗》公演，受到观众欢迎。我在剧中扮演郝摇旗，也得到观众的认可。因为这出戏使我和雪垠同志相识，成为好朋友。1978年，我想将自己一生的生活和艺术经历写成回忆录，既鞭策自己，又激励后人。于是由我口述，女儿袁菁帮我撰写《我的舞台生活》，并在全国政协《文化史料》上连载。别看舞台上的演出我当仁不让，可这口述、提笔写文章就不那么容易了，所写的十几万字只是叙述了我幼年家庭生活的贫苦和7年富连成科班学艺的生活。如何能再提高一步，继续写下去，写好，就不容易了。应该向雪垠同志这样的专家请教，于是就向他表达了此意。雪垠同志很热情地接过连载的书说："我很喜欢看书，什么书都看。午饭后小睡一会儿，下午大部分时间是看书、查资料。"谁知第二天早晨起床，推开门，我俩一见面，他就笑着对我大声说："世海，你害苦了我！"

"这是何意呀？"

"是你的书。我原想先翻一翻，这一翻就放不下了，整整一个通宵，一口气看完。生活厚实，又有特色，写得好啊！但还可以写得更好。"随之，雪垠同志就热情地提出来，要见见替我执笔写书的女儿袁菁。

第二天我叫袁菁到宾馆来。雪垠同志非常高兴地向她讲解了传记与传记文学的区别，带有文学笔调的回忆录也属于传记文学，《我的舞台生活》可以写成一本独具特色、丰富感人的传记文学，一定要继续写下去。雪垠同志还特别指出，传记文学在保持真实性的情况下，对生活的细微之处也不要忽略过去，这些细微的生活，常常最能体现人物的精神、面貌、性格、特点，要把这些充实到作品中去，而且写得越逼真、越细致越好，细到一个习惯动作，一个眼神都不放过……雪垠同志一个多小时的谈话，对袁菁后来的写作起到了关键的指导作用。最后雪垠同志还一再嘱咐袁菁，要坚持不懈地、用心地去写，要争取尽快写完。他热情地许诺由他来选一家出版社出版这部传记文学。

全国政协会议闭幕后，他就向中国青年出版社推荐了这部稿子，并介绍我认识了中国青年出版社的副总编辑王维玲同志。就这样，在他们的积极帮助下，提供了许多方便条件，加速了写书和出书的进程。1984年书正式出版，定名为《艺海无涯》。我邀请雪垠同志写序，在序中，他给了我极大的鼓励。

——摘自著名京剧表演艺术家袁世海《我与雪垠同志》

他是一个透亮的人

许嘉璐

社会上流行一系列的武侠小说，我们一些年轻人非常着迷，好多人向我推荐。不客气地说，我看了不到两回，就看不下去扔到一边，从此没有再摸。这些小说，无论是语言的运用，还是艺术的高低，还有气味，文化的底蕴，思想的内涵，我认为同《李自成》都不可同日而语。姚老的文学成就大家有目共睹，他一生中还有这样几点应该特别引起注意，值得我们这些后学不断学习。

第一，他对自己的作品总不满意。他的一生做了那么多贡献，却还说距离人民的要求很远，没有做出更好的成就，常使我暗自惭愧，也使我心中痛苦和感慨。直到晚年，他仍然在努力创作，分秒必争。他早已成名，但还要自己"耐得寂寞，勤学苦练"，简单的八个字，说起来容易，做起来难哪。

第二，他的心胸极其广阔。这是因为创作的唯一目的是为了人民。他说，"历史洪波，日夜东流，渺渺予躬痛心何在，为求写出较好作品留后人评价尔。"其他的事例可以不

《姚雪垠书系》《雪垠世界》出版座谈会（2001年北京）

举了，此言已经是坦坦心襟的最好说明。

第三，他对真理、对人民事业的执着追求。他从年轻时候起直到新中国成立，一直在贫病中艰难中度过，但是，无论是靠朋友接济勉强度日，还是重病在身；无论是躲避日寇的统治，还是逃脱国民党反动派的迫害；无论是一些人对他的误解，还是在"左"的路线下民族的浩劫，都不能使他动摇对真理对光明的追求。姚老对于党和国家曲折的命运的态度就不用说了。单看他对自己的缺点从不讳言，就可以知道他是怎样一个透亮的人，怎样一个一旦认定真理就九牛拉不回的人。

姚老的高贵品质却不止于此，我想，像袁老（袁宝华）这样和姚老共同战斗生活的前辈，可以说出很多很多，但是就是以上几点已经足以令他的所有读者肃然起敬，足以让现在的很多人羞愧。姚老的为人对后世的启示和教育作用却不仅限于文学界，我希望通过书系的出版在宣传他的艺术的同时，也多宣传他的高贵品格，也许这是当前更需要的。

——摘自全国人大常委会副委员长、著名语言学家许嘉璐 2001年在《姚雪垠书系》《雪垠世界》出版座谈会上的讲话：《他是一个透亮的人》

姚雪垠先生是一位成就卓著的现实主义作家和学者型作家

金炳华

的确，姚雪垠先生的精神世界就像那广阔无垠的白雪一样，具有冰清玉洁的美好品质。从《雪垠世界》一书中我们可以看到，姚雪垠先生一生坎坷。少年时代因贫困失学，仍发愤读书；参加革命后，积极从事革命文艺活动和文学创作，足迹遍及祖国各地；新中国成立后，一度受到不公正对待，但仍以极大的热情和努力坚持创作《李自成》；晚年在体弱多病的情况下，终于完成了《李自成》最后部分书稿的创作。

姚雪垠先生作为一位成就卓著的现实主义作家和学者型

作家，以毕生精力，满腔热忱地歌颂真善美、鞭挞假恶丑。虽经历风雨坎坷、曲折磨难，却始终坚信党和人民，对文学、对生活充满乐观和自信。他信念坚定、胸怀坦荡、表里如一、光明磊落，在文学创作中严谨治学、勤奋笔耕、呕心沥血，不断攀登艺术高峰。在《姚雪垠书系》和《雪垠世界》出版之际，我们更加深切缅怀姚雪垠先生和他对我国文学事业做出的卓越贡献，学习弘扬他的高尚品质和革命精神。

——摘自中国作家协会党组书记、副主席金炳华2001年在《姚雪垠书系》《雪垠世界》出版座谈会上的讲话：《姚雪垠先生是成就卓著的现实主义作家和学者型作家》

姚雪垠先生是中国作家和中国文学的骄傲

铁 凝

姚雪垠先生曾经说过，他的一生的夙愿就是做一个名副其实的作家，"死后能在碑上镌刻'作家'二字就心满意足了"。事实上他不仅是一个作家，而且是一个著作等身、成就斐然的大作家，一个名副其实写到生命最后一刻的著名作家，是一位经历过生死搏斗，在大时代的激流中，从风雨雷霆、霜雪霹雳中锻炼出来的文学笔耕者。他始终怀着对祖国对人民的深厚感情，始终为祖国的命运、社会的进步在思考在写作。他的所有作品，都是在这种感情支配下写

出来的，因而都洋溢着爱国主义、英雄主义与乐观主义精神，都启迪思想，荡涤灵魂，催促着读者情感的澄滤与升华。

今天，我们纪念姚雪垠先生，不仅因为他的文学成就，更因为他为取得这些成就所付出的巨大努力，也为他屡遭挫折却不改素志的刚毅与坚贞。作为一名吮吸着五四新文化乳汁成长起来的作家，姚雪垠先生始终与他深爱的祖国与人民同呼吸共命运。生前，他变卖了祖传房产捐资助学；又拿出稿费举办一年一度的"邓州中小学生春风作文奖"（后易名姚雪垠作文奖）。身后，他的家属按照他的遗愿，捐赠他的稿费，设立"长篇历史小说奖励基金"，以鼓舞与他在同一条道路上跋涉的后来人；又把他的部分手稿和"墨宝"以及其他文物捐赠中国现代文学馆，以供后来的专家、学者研究使用。他以他的实际行动关心着祖国的文学事业，关心着中国现代文学馆的建设。这种高尚的人品、文品，将永远被文学界铭记，成为激励后来人奋发向上、不断进取的动力与楷模。

值得欣慰的是，对于姚雪垠先生及其著作的研究，在经过近二十年的沉寂之后，最近又有学者开始重新解读并给以极高评价，如肯定《李自成》是"当代长篇小说的艺术高峰"，肯定他关于长篇小说美学的探索是"当代美学研究转型的前奏"，肯定他关于"关于繁荣文艺创作的若干意见"

姚雪垠百年诞辰纪念座谈会（2010年北京）

是"中国当代文艺思想解放的先驱"等等。

姚雪垠先生是中国作家和中国文学的骄傲，先生的精神和业绩将鼓励我们为中国的文学事业不懈奋斗！

————摘自中国文联主席、中国作家协会主席铁凝在姚雪垠百年诞辰纪念座谈会上的讲话

刚过四十人们就以"老"相称——因为他的学者气质和长者风度

洪 洋

我第一次见到姚老，是1953年的夏天。那年姚老43岁，还不能称老——不，记得那时候我和周围的同志已经称呼

他为姚老了。我曾问过姚老，为什么早在你刚过四十人们便以老相称了呢？他自己也回答不出来。满头飞雪还不是人们称"老"的主要原因，后来我找到答案了——就是他的学者气质和长者风度。

作为一个大作家，这种学者气质，正是他取得辉煌成就的重要原因之一。我很幸运。40多年来，我有无数次的机缘和姚老长谈。记得姚老有一次和我谈起他的青年时代，他无限感慨地说："当初，我并没想要当作家。我青年时代对历史兴趣很浓，又读了马克思主义的书，我的理想是做一个马克思主义的历史学家。"虽然他早在19岁就发表了短篇小说《两个孤坟》，在19岁至27岁这8年里，他并不曾致力写小说，而是大量涉猎中国历史、马列主义、中外古典文学作品。他自己说过："我深深感到青年时期的读书杂，涉猎多，对我很有好处……我今天在小说创作中能获得些微成绩，能开辟我自己的道路，与青年时代打的基础不能说没有关系。"

长篇历史小说《李自成》，气魄宏大，艺术精湛，郭沫若、茅盾、夏衍、朱光潜、胡绳、曹禺等众多大家都给以盛赞。第一卷修订再版和第二卷出版时，买书的人排成了长蛇阵，30万部很快抢购一空。这绝非是作家偶然一鸣惊人、撞上的大运。

我常常想,《李自成》这部巨著的出现是必然的:是姚老渊博的历史知识,精深的理论修养和娴熟的小说技巧,集于一身,融为一体,我们的世纪才诞生了《李自成》。

半个多世纪来,姚老不仅潜心文学创作,还一直在潜心研究学问,是一位很有成就的文艺理论家和历史学家。他从30年代开始就发表大量的有真知灼见、有分量、有影响的文艺与史学理论文章。

姚雪垠与洪洋〔20世纪80年代〕

姚老的学者气质,更直接施惠于《李自成》的,是他的万余张资料卡片。蝇头小楷,一笔不苟,分门别类,排列整齐。无怪乎他从宫廷、营寨、驿道写到山川、市镇、村舍、寺庙;从朝仪、官制、狩猎写到风俗、农事、医药、百工,无不精细入微,惟妙惟肖。这一部中国封建社会长卷、百科全书,是文学和史学的结晶,是作家和学者集于一身的奇迹!

——摘自湖北老作家洪洋《几人得似白头翁》

他是一位很有骨气的老知识分子

李得林

在姚雪垠和武汉文艺界其他"右派"下放东西湖劳改一年后，市委宣传部派我到农场担任管理工作组组长兼农场党委副书记。时隔半个世纪后，我和姚雪垠的接触深深印在脑海里。

经过一段接触，姚老对我的到来不反感，不卑不亢，愿意同我交谈。我约他做了一次深入的长谈，通过交谈沟通，使我进一步了解了他的思想和精神世界。他对我表示："我虽然遭到毁灭性挫折，但我没有怨恨党，我仍然热爱祖国，跟着党走，我不会灰心、绝望，我的追求不会动摇，决不消沉，请组织放心。"

通过交谈，姚老的坦诚给我很深的印象，面对逆境和挫折，他并不灰心失望，很坦率，心胸很开阔。据我所知，他

"文革"期间姚雪垠曾在此地放猪放牛

在现实生活中也很幽默，我听说他经常在劳动之余为大家讲高夫人，讲张献忠、郝摇旗……实际都是《李自成》里的故事段子。有人说，姚老不愧是一位老作家，满腹经纶，一肚子故事，信手拈来，妙语连珠。

他虽然不便承认在写历史小说《李自成》，但我知道他在写，他天天晚上在蚊帐里写，有时用手电筒取亮。这种在逆境中坚定不移的精神，实在难能可贵。我提出，你能否把手稿让我拜读一下？他称手稿存在汉口，不在身边，还很乱，不到拿出来给领导看的时候。看来他有顾虑，我也就不勉为其难了。

对这样一位老作家，受到如此大的挫折和磨难，没有心灰意冷地倒下，仍不放弃自己的信念和艺术上的追求，不但得不到支持和鼓励，反而还要罪加一等，说他没有认错服罪，良心何在？

通过坦诚的交谈，我对姚老不但同情，而且很敬重，在我面前的这位老作家，不是什么傲气，相反，他是一位很有骨气的老知识分子，是我们国家级宝贵的人才。

1960年10月，根据中央指示精神，决定摘掉一批"右派分子"的帽子，第一批在东西湖的1200多人中摘了18位，其中姚老在第一批摘掉了帽子。

——摘自中共武汉市委宣传部离休干部李德林
《回忆身处逆境中的姚雪垠》

他是那个年代绝无仅有的"右派"

程　云

1957年，姚雪垠被打成了"右派分子"，1958年底，下放东西湖农场劳动改造。1959年3月，我"斗胆"到东西湖去看望市文化系统的"右派分子"们，才知道他们是在多么艰难地生活着——他们伙食标准很低，劳动量却很大——挖河道。就连姚雪垠这样的正牌教授、著名作家也不例外。他们许多人挤住在简易"宿舍"里，打通铺。在茅草苫顶、芦席为墙的"宿舍"的门右方，有张破旧的小方桌，上面有煤油灯一盏。管理人员告诉我："那是姚雪垠的地铺，他每晚都在这里写作。为了不干扰别人睡眠，他用一块硬纸板遮住灯光，在别人鼾声如雷中写作。天亮后，照常出工干些重体力活儿。中午也很少休息。"

我心里不是滋味。我找到了他，把手伸给了他，他忙在衣襟上擦擦手后才与我握了手。这是我与他生平第一次握手。

"怎样，很苦吧?"我轻声地问。

"还好，好在我才48岁（他生于1910年），读书人在体力劳动中锻炼一下有好处。"

1959年、1960年的自然灾害时期，我去看望过雪垠，很显然，他有些浮肿。我的生活条件比他好，送给了他两听猪肉罐头、2斤黄豆（都是"开后门"买来的）。他感动得两眼泪汪汪。

1960年年底，雪垠被第一批摘去了"右派"帽子，他兴冲冲地回到了武汉作协宿舍，随后立即到我的宿舍，把一个黑布包袱往桌上一放："我回来了，我回来了！"

我热烈欢迎他"归队"，紧握他的双手，那是双劳动者粗壮的手，而不像是教授的手。打开桌上的包袱，是沉甸甸、齐刷刷的长篇巨著《李自成》第一卷手稿。

我是《李自成》第一卷的第一位读者，我很吃惊：他在繁重的劳改中写出的这部巨著，人物鲜活，布局严谨，李自成的农民军与大明朝官军的斗智斗勇异常激烈。字里行间是金戈铁马，烟云滚滚，大气磅礴……这说明，他是能够忘却眼前的不幸而沉入他小说世界中的赤诚的作家。这在那个年代是绝无仅有的"右派"！

他的手稿一律用400字一页的稿纸书写，字迹端正，毫无涂改，清清爽爽。可见，他对写作是多么认真负责、一丝不苟的作家。

我用了两天时间一口气读完了《李自成》第一卷，然后就带着文稿向中共武汉市委分管文教的书记宋一平同志汇报去了……

——摘自武汉市原文化局长、音乐家程云《他搁下了如椽之笔》

当代文学史上一位有独立思想的老作家

严家炎

姚雪垠先生在当代文学史上是一位有独立思想的老作家。他在抗战时期写的几部作品如《差半车麦秸》《春暖花开的时候》很有自己的成就。《春暖花开的时候》在当时受到了不正确的批评，认为抗战作品写到青年知识分子的恋爱就是小资产阶级情调。后来，尤其是《长夜》那样的小说更是富有生活实感，看起来是写地方土匪，实际上是写很复杂的社会现象。姚雪垠正是经过了那种磨炼，才能写出《长夜》这样的作品。这几部作品都很有独特的地方。到被划为"右派"后写《李自成》，我觉得更是不简单。受了那么严重的打击，但他流着眼泪，下决心一定要实现自己的志愿。花了几十年的时间来写《李自成》，我觉得是极不简单的。虽然他在1947年、1948年就已经在研究明末历史，花了很多工夫，但在那种特定情况下写《李自成》，我觉得是了不起的，要有很大的勇气和坚韧不拔的意志才能写出来。

我觉得《李自成》在好多方面有其独特的贡献，比方说，在历史科学和小说艺术的结合上，就创造了很多经验。在悲剧艺术方面，写了各种各样的悲剧，卢象升被杀当然是悲剧，崇祯皇帝最后的失败其实也有很多悲剧的成分，至于李自成这样的人物，已经进入北京了，最后还会失败，更是一个悲剧，不是简单地写英雄。所以，姚雪垠先生的许多看法，我觉得比我们想象的要深了一层。我和姚老的接触虽然不算多，但是有几次是在他家里交谈的，我的感受就是姚老确实是一个有独立思想的作家。他的很多看法，有的一直没有谈，或者在他的作品里没有多少体现，但都是一些很深刻的、很了不起的思想。再比方说，小说的结构艺术方面体现在《李自成》中的成就，我觉得也是极其不简单的。那种单元式的写法，把小说故事组合成一个一个单元，也是一种很独特的创造。所以我觉得，姚雪垠先生不论是对社会问题的看法，或者是在小说艺术方面的看法，都有其独特的贡献。我刚才听到海天先生遇到的事情，心里非常感动。一位老人，在患病的情况下，还一心想着要把《李自成》写完，这都是了不起的。

——摘自北京大学资深（终身）教授、文艺理论家严家炎在纪念《李自成》出版50周年座谈会上的发言

我深信，姚老生前是深知自己创作的未来意义的

张 炯

我第二次见到姚老是（20世纪）80年代中在武汉召开的中国新文学学会的年会兼学术讨论会上。他既是湖北省文联

的主席，也是新文学学会的会长。会议上谈到历史小说写作的争议。因当时有一种意见认为，历史小说完全可以虚构。姚老坚决反对这种见解。他在会上发表了长篇讲话，坚持他的观点。他认为，历史小说所描写的主要历史事件和历史人物，必须符合历史真实，于史有据。但在次要人物及表现其性格的情节和细节上，则容许有一定的虚构。后来，我还到他家看望过他几次。每次都见他精神矍铄，很是健谈。谈他的小说构思，谈《李自成》的结局，等等。那时他已高龄，身体渐差，我总担心他完不成这部巨著。

《李自成》全书5卷，在姚老去世前终于完稿和出版了。这无疑是姚老对我国文学事业的最大最辉煌的贡献。虽然，书写历史是我国文学的一个重要传统。四大古典长篇小说中的《三国演义》堪称是这方面的扛鼎之作。但那是根据陈寿的《三国志》，又汲取了民间说书艺人和杂剧唱本的虚构成分，经过加工和再创造而成，基本用文言文写的。前人称为"七实三虚"。而在白话历史小说中，可与《三国演义》媲美的，我以为无过于《李自成》。它同样以构思恢宏，内涵丰厚，情节复杂，细节生动，人物众多，为读者重现了广阔的历史画卷。而更可贵的是，它是以历史唯物主义的观点来剖析历史的。明代末年种种的社会矛盾和冲突，包括阶级矛盾和民族矛盾，也包括统治阶级内部的矛盾，都被淋漓尽致地描写出来，上自崇祯皇帝和朝廷大臣，下到贩夫走卒、三教九流各色人等，包括农民义军中的种种人物，无不有历史真实感和深度，都得到生动刻画。小说写几个人物的命运易，而要描写一个时代的广阔历史画面则相当难。《李自成》不仅写出许多人物的命运浮沉，写出崇祯皇帝和李自成的悲剧，而且写朝廷的内部钩心斗角、庙堂庭争，还写战场的金戈铁马、攻取杀伐。仅以写李自成潼关兵败、退走商洛、襄阳会张献忠，北出攻洛阳城，大战开封，攻陷北京，登基称帝，到吴三桂引清兵入关，义军兵败如山倒，终至溃亡的曲折历程，其间战役无数，写来各个不同，还穿插了忠良与奸佞、友谊与背叛，夫妻之爱，男女之情等等纠葛的故事情节，在此都写得有声有色，波澜壮阔，斑斓夺目，引人入胜，这就非常不易。姚老用他那清新、流畅、典雅而又简洁的语言，把几十年间发生于神州大地的形形色色的人物和故事，栩栩如生地描绘给我们，人各有声口，人各有始终，使我们仿佛再睹那悲壮、复杂的历史本身。其艺术魅力，实在令人惊叹！如果没有丰富的知识积累和生活积累，没有惊人的感受力和想象力，没有坚定的决心和百折不挠的毅力，这样一部数百万言的巨著是决计完不成的。在新中国的文学史上，《李自成》是第一部历史长篇小说，正是在它所开辟的航道上，后来者络绎不绝，几十年间创造了我国历史长篇小说空前繁荣的年代。

我们缅怀姚老，不能不敬仰他的健笔纵横老益壮的坚毅人格，不能不感念他为我国文学事业所做的影响深远的贡献！"文章千古事，得失寸心知。"我深信，姚老生前是深知

张炯在邓州市姚雪垠百年诞辰纪念会上讲话（2010年）

自己创作的未来意义的。

——摘自中国作家协会名誉副主席、文艺理论家张炯
《健笔纵横老益壮》

姚老对芝麻叶面条吃得津津有味，
还连声说："真好吃，解馋了！"

田永清

有一件事情说来也真是凑巧。有一次我出差到河南郑州，抽空儿到一家旧书店买书。有一本发黄的书引起了我的注意，我一看，书名是《右派言论选集》。更巧的是，书中作为"罪证"，登载了姚老当年发表的几篇"谬论"。我当即把这本书买了下来，回京后就交到了姚老手上。姚老如获至

宝，感慨地说："我当年'鸣放'时的一些言论，自己都记不清楚了，想不到还出书替我记录了下来，他们真是做了一件大好事！"

我仔细阅读姚老当年的这些言论，感到很正确、很精辟，但就是凭着这些，就把他打成了"极右派"，真是匪夷所思！

后来，随着对姚老的了解不断加深，我更深刻地感受到，他具有极其鲜明的个性特征：从不人云亦云、趋炎附势，更不随波逐流；坚持独立判断和选择，坚持独立思考和写作。这既是他极为令人羡慕的优秀禀赋和能力，也是他坚定明朗的立场和信念。正因为如此，他才为那个特殊的年代所不容，并被打成"极右派"。

1992年秋冬之交，姚老应河南省有关部门邀请去郑州作报告。我当时在驻郑州的解放军信息工程学院担任政治部主任。得知信息后，我很快到宾馆拜访了姚老，并热情地邀请他到我们学院做客。姚老虽然患了感冒，但还是很高兴地答应了。

我很想尽一下地主之谊，热情招待姚老一番。当我问他想吃点什么时，姚老竟说想吃点芝麻叶面条。对姚老的这一点要求，我真是既意外又为难。一位享誉文坛的大作家，一位年过八旬的老年人，怎么能用芝麻叶面条来招待呢？姚老说："你是河北人，不了解我们河南人的饮食习惯，我小时

1957年出版的《右派言论选集》

候最爱吃的就是芝麻叶面条，现在最想吃的还是芝麻叶面条。"既然姚老这样说了，我就让宣传处长丁同言去买芝麻叶。结果他跑遍了郑州，也没有买到，因为人们的生活水平提高了，就不再吃芝麻叶了，最后还是到杞县才买了回来。记得吃饭时，姚老对别的饭菜没有什么兴趣，只是对芝麻叶面条吃得津津有味，还连声说："真好吃，解馋了！"

饭后，我把事前准备好的一件将军呢子大衣送给姚老，他当即穿在身上，兴高采烈地说："我也当上将军了！"姚老还说："我年轻的时候，是个美男子呢！"我说："那你现在是个美老头了！"赢得了周围同志的欢笑声。

——摘自原解放军总参兵种部政委、少将田永清2013年
在纪念《李自成》出版50周年座谈会上的发言

我对姚老的敬仰，正源自他的《李自成》

孟伟哉

《李自成》是一部伟大的小说。我对姚老的敬仰，正源自他的《李自成》。

伟大剧作家曹禺先生曾不止一次说过：我相信，将来文学研究界会出现研究《李自成》的"李学"。这是一位深谙文学之道的权威的预言。这样的学者、学派或团体，一般不会在当世出现和形成，可能要跨越一个或几个时间段，需要人们摒弃一切偏见和成见，完全冷静和客观地筛选对比许多同类作品。同时，研究者自身需有比姚老更多的历史知识、更高的思想水平才成。姚老生前因为发表了与个别人不同的理论见解，便遭到人身攻击，谓姚老"嫉妒"对方有可能或将要获得诺贝尔文学奖，如果这样的事情时有发生，在这种气氛下，不可能有真正客观和科学的学术研究。

姚老走后，他的儿子姚海天先生送我一套刚出版的《李自成》五卷全集，并且钤着姚老名章。这是最珍贵的赠予。怀着至诚的感动和感激，我补读了以往不曾读过的卷帙，再次感悟到这部作品的伟大。

《李自成》的最初草稿（残稿） 《李自成》全书

《李自成》这部小说何以伟大呢？

这里，我不想做社会学或文艺学的阐释，那样也说不清楚。我宁愿打几个比喻——

它像一尊奇特的警钟，人们可以从它那里听到各种各样的警世之音。

它像一个剖面无数的多棱镜，人们可以从那里瞧见许许多多人世间事物的形影。

它像一系列历史的密码，能破解这些历史密码的人将获益无穷。

它像一个谜语库，人们可以常猜无尽，常猜常新……

姚雪垠先生用文字为自己建造了一座史诗纪念碑，他的生命因而不朽！

——摘自中共中央宣传部文艺局原局长、作家孟伟哉
《姚雪垠生命不朽》

他的精神没有被压垮

江晓天

　　吃晚饭时，在餐厅看到姚雪垠同志，他没有看到我，我们的座位间隔一张桌子。他头发全白了，但却红光满面，器宇轩昂，神采奕奕，一边用餐，一边高谈阔论。当时我想，这个人精神没有被压垮，看来自信心很强，怪不得他在艰难的逆境中，奋斗出这部好作品来，真不简单。想着想着我自己的心境情绪也好像受了他的感染似的。是呀！一个人如果对自己失去信心，那就完了。当时是定量供饭，我一餐充两顿饥，很快吃完了，没有和他打招呼就走了，因为我得加意小心谨慎，先和组织上谈妥之后才能见他。回到房间洗了个澡，我就去看骆文同志，王淑云同志也在。刚说一句"我栽了跟斗"，他们夫妇就热情亲切地制止我，不让再说下去了。一个人陷于逆境之中，能得到同志的信任和理解，确实感到是难得的鼓舞。他们知道我是来找姚雪垠同志谈稿子的，也知道我要先通过组织，所以没有等我提问，骆文同志就拿出一份他将在省文联大会上作报告的打印稿给我，说："有一段说有的同志熟悉历史，写历史题材，于人民有益，

我们也是支持的，就是讲的老姚，省委已审批了这个报告。我们是支持他写这部作品的。"淑云同志补充说："这个会完了，我们准备请部分同志开个会，专门讨论一下《李自成》。你最好能留下参加。"我说："我还要到四川去谈一部稿子，有位同志在那里等着，我在武汉只能待六七天。明天上午就和老姚谈，交换完修改意见就走。很遗憾，不能参加你们的讨论会了。"

姚雪垠住在一楼，第二天早饭后，我直接到了他住的房间。一进门，他一边热情地和我握手，一边说："昨天就知道你来了。估计你要先和组织上谈了之后才会找我，所以没有去看你。"真是快人快语，我很喜欢这样爽朗豁达的性格。"这里不方便，咱俩是不是到璇宫饭店去，弄两杯咖啡，边喝边谈。那里有我住的房间，很方便。"我说："算

江晓天（右）与姚雪垠夫妇（1982年）

啦，咱俩别移动了，就在这里谈吧。"这一次主要是我谈，肯定的意见大致如前所述，还谈了一些具体的修改意见和建议。当时，从看稿到决定去武汉，时间很紧促，来不及整理出文字条条，只是凭通读后的直感、凭记忆谈的。有一条原则性的意见，至今还是记得清楚的：第一卷的初稿中，对明末的封藩制度，造成土地空前集中，横征暴敛，民不聊生，阶级矛盾尖锐到了不可调和的地步，爆发了全国性大规模的农民起义，写得很不够。具体描写较多的是"七分天灾，三分兵祸"，不恰当。小说不从李自成、张献忠如何被"逼上梁山"写起，正是剪裁结构方面的独到之处。但这个历史唯物主义的思想观点，也是明末的历史实际，要想法穿插补一补。我一提出，老姚就说他也感到这是个问题。后来，在修改过程中做了一些弥补（第二卷中，李岩、宋献策来到农民军之后，李自成与牛金星、李、宋议论历代均田思想，抨击封藩制的大段议论，就是为补救上面讲的这个问题。虽在艺术上显得冗长、沉闷，但与人物身份、性格还是相符的）。头一次谈了一个上午。

第二次也是一个上午，主要由老姚谈，他详细地介绍了他的艺术构思和写作过程，顺带夹着谈了他听了我的意见后的想法，打算在什么地方做怎样的修改、补充。使我深受感动的，是他那种自强不息、坚忍不拔的精神，为了理想和追求，全神贯注、刻苦勤奋、脚踏实地，一步一个脚印地前进！1957年他被错划为"极右派"，在遭到猛烈批判之后，等待处理的艰难逆境中，开始发愤日夜赶写《李自成》，短短10个月就写出了第一卷40万字的草稿。下放东西湖农场劳动后，虽然劳动、生活十分艰苦，但没有压垮他，每天依然清晨三四点钟起来，在用墨水瓶自制的小煤油灯下坚持读书和写作。政治上的打击，经济上的拮据，劳动的繁重，监管人的歧视、训斥，精神上的痛苦，夫妻情、儿女义的磨难，都没有使他动摇和消沉过，他一直是自信的，因而也是豁达乐观的。短短的接触，使我在感情上对他产生了亲敬感，也使我自己精神振作起来，增添了编辑的责任感。

第三次谈，好像是在我离开武汉的前一天下午，时间不长，主要是商定今后的联系办法和工作方法，我们商定采取"流水作业"，他改写出若干章，就迅速寄给我。这样可以争取时间，他改完，我短时间内就看完，先发排，拿排印稿在京征求有关方面的意见，接着就请他来京修改定稿。"单元"之说，就是这次议出来的，每次寄出的稿子不以章数多

姚雪垠在全国政协大会上发言（1981年）

少，而以故事情节相对完整的段落为准，我打了个比方，就像住楼房那样分一个单元一个单元。以后就习惯于这个叫法了。

——摘自中国文联书记处书记、《李自成》第一卷责任编辑江晓天《〈李自成〉在逆境中诞生》

姚老一身正气、大气，他的决心和毅力是惊人的

王维玲

姚老是一个非常有个性的人，特别是在一些原则问题上，他态度明确、观点鲜明，对人对事，或直言相对，或秉笔直书，一身正气、大气，绝不含糊。他不会迎合讨好和稀泥，也不会转弯抹角绕圈子。坚毅刚强，正直坦率，光明磊落，诚实做人是他行事做人的原则和秉性。从青年到中年、到老年，困境、险境、逆境，他都经历过，一次次厄运，他付出的代价大不大，这是熟悉他、了解他的朋友们都清楚的。心灵高尚的人，大都心地善良，为人行事，待人接物，从不设防，姚老就是这样。其实

在姚老个人的生活天地里，是很单纯、很简单的。他把个人的全部时间和精力，都花在著书立说做学问上，花在专心致志写小说上。但现实生活就是那么不平静，总是让他面对诸多事件，常常身不由己就投入其中，就这样，在他本该十分平静的生活中，意外地给他带来了多少是非和烦恼，付出了多少不该付出的精力和时间。这个代价大不大，但姚老不在意，只要问心无愧，他从不后悔，也不计较，更不意气用事。他常说："咱做事，都在桌面上，桌子底下的事，咱不搞。"这是姚老为人、做事、交友之道，也是姚氏的风格和他的精神境界。一次姚老和我谈人生感悟，让我很受教育。他说："人的一生有顺境，也会有逆境，有点坎坎坷坷，甚至大起大落大波折，想开了也就没有什么了，全当锻炼自己，丰富阅历，把压力变动力，有益处。《长夜》和《李自成》不都是在这样的背景下写出来的吗？"所以，当厄运降临到他的头上时，他也叹息、也悲观，但很快就能从困境中走出来，迅速振作精神，重整旗鼓，重塑自己。这样的经历对他已不止一次，一直到暮年，姚老也没有牢骚，没有怨言，胸怀坦荡，心地平和。正如古人说的："上善若水，至人若镜。"达到这样的境界，可不是那么容易的！

姚老的决心和毅力是惊人的。为创作《李自成》，他每天凌晨三点左右便起床，或埋头写作，或拟写提纲，口述录音。他这个早起的习惯，一直保持了四十多年，直到《李自成》5卷本基本写成。特别是1957年姚雪垠被错划"极右派"后，下放到农场监督劳动，挖大渠、挑塘泥、运砖头，十分繁重，年近半百、手无缚鸡之力的姚雪垠不仅挺过来

姚雪垠在书房（1983年）

了，而且在中午和夜里，同屋的人呼呼大睡的时候，他仍在悄悄地写作《李自成》。即使在田间地头，他每天也随身携带个小笔记本，随时记下构思的人物和情节。姚老就是这样一个常人难以理解的强者。在那个年代，被划为"右派"的几十万人中像姚老的有几人！姚老说："我是一旦下了决心，就做背水一战，有进无退，不管多么艰难困苦，决不半途而废。"正是这种不屈不挠、矢志不渝的精神，使他完成了《李自成》5卷本的艰巨创作任务。

——摘自中国青年出版社原副总编辑、《李自成》第二、第三卷责任编辑王维玲《向姚老致敬》

《李自成》已经与姚老的心灵和血肉
完全融合在一起了

王维玲

　　往事犹如潮水般涌到眼前，我仿佛又坐在姚老的身边，看到他满头银发，炯炯目光，聆听他对文学、对历史新鲜而有创意的见解。就姚老一生的成就和贡献而言，无疑是当代杰出的文学大家，他的学识和修养，才华和智慧，精神和气度，韵致和境界，为人和做事，都饱含着丰富的传统文化的内涵，体现了中国文化人的价值和力量，尊严和魅力。而他的磊落、刚直、高洁的品格，又体现了中华民族百折不挠、一往无前的人文精神。作为一个自然的人，姚老已经离我们而去，但他的精神和形象却永存人间，不为人忘。

　　写到这里，我就想到姚老80岁时写的《八十愧言》一文。我看后格外动心，他是多么想多为祖国、为人民、为中国文学事业做贡献啊！情意真切地表达了一个赤子之心的抱负。他说："我今年仅仅八十整寿，离百岁还很远呢。我追求事业的热情依然未灭，艺术思维能力也未衰退，我不能停止长征。具有五六千年文明、三千多年光辉文学的伟大祖国，需要我继续服务。假若我写到九十多岁，或将近百岁，忽然医生告诉我：活不多久，不能再写作了。我不是想着我这一生曾经为祖国人民写过多少作品，而是对医生点点头，表示感谢，然后轻轻叹息一声，在心中惋惜地说：'可惜呀，我还有一些写作计划不能完成了！'"这不是对9年后，姚老病逝时的情景的写照吗！海天告诉我，姚老第一次住院

王维玲看望病中的姚雪垠（1998年）

的第一天夜晚，他值班看护。夜里一两点钟，海天被另一床病人的护工叫醒："快看看，老人怎么躺在地上？"海天被眼前的情景惊呆了，只见姚老上身穿着病号服，下身只穿着裤衩，平躺在水泥地上，他急忙跑到父亲的身旁，问道："爸爸，怎么啦?!"这时姚老头脑异常清醒，不太连贯地说："我要起来写《李自成》，写不完对不起读者。"海天立时热泪夺眶而出。姚老当时已确诊是多发性脑梗塞，已不能握笔了，自主思维也困难了，也不能站立行走了。到了这个地步，他还想着《李自成》的写作！这是什么样的精神境界！《李自成》已经与他的心灵和血肉完全融合在一起了。我一想到这一情景，我就情不自禁地哽咽落泪了。

——摘自中国青年出版社原副总编辑、《李自成》第二、第三卷责任编辑王维玲《向姚老致敬》

我不能不从心里惊服这个窘境中的奇人

周 勃

我同姚雪垠在"反右"中一起被错划为"右派",又一起下放东西湖农场劳动改造。后来我得了严重胃病住进同济医院,姚雪垠趁农场放假到医院看我。为说话方便,我们到楼下有小树林的僻静地方。姚雪垠继续说:"我们决不能自暴自弃,而是要振作精神继续努力,使自己的努力方向与历史发展方向相一致。只要社会向前发展,就需要文化,需要知识,我们就能用自己所长,为这个社会做出贡献。只要我们自己不倒,别人想要打倒你,也不一定能够打倒。"

树荫下的气温渐渐升高了,他的脸颊流淌着汗水,但仍然用炽热的话语、乐观的精神感染着我,我不能不从心里惊服这个窘境中的奇人。

他告诉我他现在主要做3件事:第一,继续做卡片,主要是史料方面,但也包括对史料的辨析;第二,做创作的构思笔记,每有联想、创意、动念、触发,都记进去;第三,对过去的草稿,进行一次全面整理,过去将主要精力放在第一卷,现在要站在全书的高度重新审视第一卷,并且对第二

姚雪垠在题字，右二为周勃（1982年）

卷的人物、情节，甚至细节，也开始考虑。在这3件事中，目前的条件只适宜做前两件，可以随时拿起，随时放下。第三件要有比较集中的时间，现在只能在构思上做些准备。"但是现在却发生一点问题，我每天凌晨3点起床做事，4点左右肚子就饿起来，接着便浑身出冷汗，四肢发软，并头晕起来，我只好躺下来等待天明，吃了早饭，身体才恢复。我去就诊，医生说这是低血糖病，犯病时吃点东西或补充些糖分就好了。我们现在白天都吃不饱，早上用功哪有吃的？前几天我将午餐的馍留到次日早上吃，可能天热变质了，也可能被虫子爬过，每次吃了都拉肚子，我不敢再这么干了。今天我去市里想买糖果一类的东西，可什么也没有买到。"说罢默然。

我告诉他我有一包糖，可以送给他。他眼睛一亮说：

"这太好了，太好了。"我说，这糖是医院发的，护士说这是我们的伙食节余。我回到病房将糖取来，糖已受潮，包糖纸都渗透了，他将包书纸拆下来，将糖重新包起来，几本书则裸露着。他做得很仔细，也很妥帖。我笑着说道："现在斯文不如一包红糖了。"

"三月不知肉味，是孔夫子陶醉于韶乐之中，我珍惜这包糖，是他可以救助于我的斯文。"他机智的回答，使我们都快活起来。我送他到医院门口，他还叮咛着决不能做手术。

——摘自湖北大学教授周勃《姚雪垠下放东西湖琐忆》

他就像罩在晶莹洁白雪花雨中的
一尊白玉塑成的雕像

周 勃

在东西湖农场的一次放假中，我们相约进城，他继续和我谈起反右时写《李自成》的事。

我们很早就从农场动身，先到花桥，在作协取了些衣物，再到交通路、江汉路一带逛书店，他买了一部《亚瑟王之死》。从书店出来，我们又买了几个大麦面馍，就向滨江公园走去。他告诉我公园有个滨江茶馆，很清静，摆的竹躺椅，中午可以睡觉。进了公园，他没有去茶馆，而是领着我到公园下首约一百米的地方。长江岸边矗立着一块大木牌，写着四个斗大的黑字——华年锚地。为防止风浪撞击，支撑木牌的大柱子下面，压着几块巨石。他指着巨石对我说："反右时我常到这里。我受到孤立，没人说话，非常痛苦，古人说：'与木石居，与鹿豕游。'我就和石头结缘了。我坐在石头上，眼望长江，思考着怎么办。事业怎么办？后半生怎么办？那天我跟你说过曾经萌生轻生之念，主要是觉得下半生完了，没有自己奋斗的立脚点了，活着还有什么意义？我不怕栽诬，也不怕曲解，这些不实的东西和谣言一样止于智者。我怕的是不给我前途，不让我搞专业。我那时很孤独，郁积于心，就发了谵妄症，产生轻生之念。"

"那时你坐在这里，人来人往，不觉得太吵闹吗？"

"不，那时正值初冬，江水下落，这里很安静。我面对江流，浩浩荡荡，气象万千，也是一种精神力量的鼓舞吧。"

时间已近中午，长江上各类船只往来如梭，早上在江天

姚雪垠（右）与洪洋（中）、周勃重返武昌金口农校养猪场，"文革"初期姚雪垠曾在此养猪（20世纪80年代）

飞翔的水鸥，此时已飞离这个热闹的江面了。这时岸边有几十名船工正将一艘木船从江里往岸上拖，节奏悠扬的吆喝声飘荡江天。我们起身离开那块"华年锚地"，到茶馆找个僻静处继续说话。

一杯茶一角钱，粗瓷茶杯，倒还干净，我们取出大麦面馍，开始了我们的午餐。大麦面馍很粗，深酱色，他大概有些饿了，咬下一大口，呷口茶，伸长脖颈咽了下去。我笑着说："你现在很像你笔下的中原农民。"

"我有些饿啦。"

"早餐吃少了？"

"只喝了一碗稀饭，馍留下来明天早上用功时吃。"他常说他的吃饭是为写《李自成》服务的。

午餐吃罢，他往竹椅上一躺便呼噜起来了。我翻阅着《亚瑟王之死》，劣质纸张，又黑又粗，装帧也很差。马罗礼这部负有盛名的历史题材作品被世界许多国家所翻译，大概这个中译本的装帧算是最差的了。姚雪垠醒后看见我在翻阅，便说："亚瑟王相传是凯尔特族的领袖，曾抵抗撒克逊人的入侵，骁勇善战，力气过人。他的英雄事迹流传民间，法、德等国诗人争相写他的传奇，亚瑟王成了中世纪西欧骑士文学重要的题材来源，到了15世纪，马罗礼对这些传奇加以编排，用散文形式写了《亚瑟王之死》。其中亚瑟王同罗马皇帝作战，是写得比较精彩的篇章，除了正面写战争，还写他外甥的篡位、王后的私奔等，最后亚瑟王战死，成为一个大悲剧，作品有一定的震撼力。这部作品在描写战争场面的宏阔、悲剧气氛的烘托等方面，都有可借鉴之处，但它毕竟是骑士文学嘛。"

姚雪垠在书房（20世纪80年代）

姚雪垠呷一口茶，继续他的话题："你记得吗？大会小会都讲的一件事，就是剥夺我的写作权利，不准发表我的作品，给一碗饭吃，养起来做反面教员。我第一次听时，简直痛苦到了极点，后来听腻了却悟出了一些重要启示。首先，将我养起来就是不要我参与历史的创造运动，这是和我的志向相违的。从青年时代起我就要做创造历史的参与者，而不是旁观者。几十年我都抱着这个宗旨。中国古代知识分子有一个好的传统，就是强烈的参与意识。屈原放逐，写了那么多诗篇关怀自己的祖国和人民，表达他的爱国意愿，直到最后完全绝望了才投入汨罗江，从另一角度说，它是用自戕进行参与。司马迁受了腐刑，几次想到死，还是历史责任感鼓舞他写出《史记》，'藏之名山，传之其人'。即令陶渊明辞官隐居，也还写下了《读山海经》十三首、《饮酒》等诗。

所以，曾参讲：'士不可以不弘毅，任重而道远。''弘毅'
就是刚强而有毅力，我就用这种刚毅精神鼓舞自己面对现
实，不消极、不悲观，执着地追求自己的人生目标。至于能
不能搞创作，创作能不能出成绩，不是别人说了算，而是在
于自己努力如何。准许我搞创作，无非是给我条件（包括发
表和出版），但决定因素不是条件，而是自己的主观能动
性。所以我开始写《李自成》时就立下座右铭，开首两句是
'加强责任感，打破条件论'。你们安排我做反面教员，我可
以暗中发挥我的优势，做出成绩，报效祖国，报效人民。难
道报效也须你们批准？"

　　他说得有些激动起来，宽阔的前额渗出几粒汗珠，他掏
出手帕擦一擦，继续说："我开始写《李自成》时，曾想到
两种可能：一种是到一定时候顺利地出版；一种是生前不
能出版，死后由后人出版。我考虑较多的是第二种。作品在
死后出版，在中国和世界文学史上有的是，我不图生前出版，
只希望死后我的后人能将《李自成》出版，做自己的贡献。"

　　太阳渐渐西斜，我们从茶馆起身赶回农场，一边走，一
边聊。他说："我那时处境孤立，没有人可以商量，现在我
这个认识看起来很简单，但在当时思想上开这个窍是多么不容
易呀。我就凭着一种精神力量的鼓舞，凭着我的刚毅、执着、
倔强的性格，在重重围困之中，进行突围，去寻找一线生机。"

　　到了1960年冬天，姚雪垠就改意要将创作《李自成》的
事正式公开了。这时，我们一边进行着社会主义教育运动，
一边到连通湖搞水利建设。连着几天雨雪，气温很低，路上
和工地到处泥泞，姚雪垠穿的是元宝形套鞋，我穿力士鞋，
在深及小腿的泥泞中，鞋子常拔不起来，我们腰里扎着几根

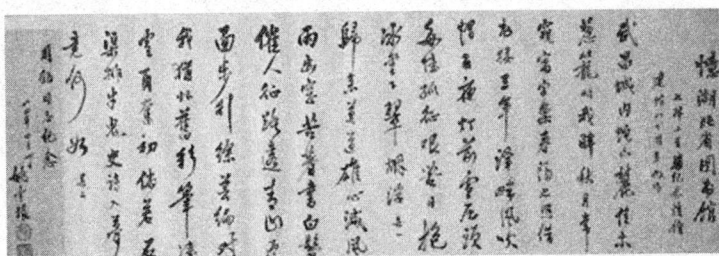

姚雪垠写给周勃的条幅

草绳，随时用来捆绑鞋子。其实鞋子里面已全湿了，袜子浸透了泥浆，脚一直泡在泥水里。姚雪垠每天修理着沾满泥水的篾箕，手也是被泥浆裹着，他的皮肤不好，手脚都皴了，拇指和食指的指甲两侧开始皲裂，有时流出血来。他从医院弄了一些防冻膏，每天早晚擦一擦，使皮肤软化。医生告诉他，在不做工的时候，将手捂进棉袄里，可使皲裂慢慢愈合，但是他办不到，他不下地做工的时候，手还要写着、抄着、翻着。

尽管雨雪霏霏，我们却从未停工。大队长说我们的工程必须在春雨到来前竣工，否则前功尽弃，所以即使漫天风雪，我们也不歇工。

中午饭由食堂送去，一钵黄豆掺大米的饭，盖上一勺菜，和着飘落碗里的晶莹雪花，吃着还特别香。吃罢饭，我们三三两两挤在一起休息，靠雨伞或者油布遮风挡雨，等待稀泥清除后才能开挖。姚雪垠在他修理篾箕的高地上，用铁锹扦入土中，然后将撑起的一把油布伞绑在铁锹手把上，他低着头专心致志地写着，漫天飞舞的雪花在他周围旋转，飘到伞下，洒在他头上、肩上，连眉毛也缀着雪花。他一边对着手指呵气，一边继续写着。透过那缤纷旋转的雪花从远处看去，他就像罩在晶莹洁白雪雨中的一尊白玉塑成的雕像。

——摘自湖北大学教授周勃《姚雪垠下放东西湖琐忆》

《李自成》是写历史小说的范本

唐浩明

20世纪80年代中期，我开始着手创作长篇历史小说《曾国藩》。其准备工作中的一项重要内容，便是再次阅读《李自成》的前三卷。我想让自己的身心进入一种弥漫四周、可触可摸的历史氛围中去，在这样的氛围里来感悟历史的本色、历史的丰富，以及历史的启示等等。在写作过程中，我也会常常挑选其中的个别章节来阅读，借以活络心灵、滋润枯窘。对我的历史小说创作而言，在当代文学作品中，《李自成》应是启迪最大的一部书。

首先是姚老对历史小说写作的严肃态度和他自觉的社会担当意识对我的启迪。姚老对他笔下那段历史的涉猎之广、研究之深，令我叹为观止；二是历史小说创作所面临的最大难题，便是如何处置真实与虚构之间的关系：哪些必须真实，哪些可以虚构，虚构能到什么程度，其间的分寸如何把握等等。《李自成》做到这一点，是它的最大艺术成就。情节的设置，最能见一个作家才华的高低。姚老在这方面的本事，堪称海内一绝。《李自成》中的许多情节设置都非常高超，都可以拿出来做历史小说写作的范本；三是《李自成》的语言。书中那些只有在深厚文史修养熏陶下才可能具有的

陕西横山李自成纪念馆与姚雪垠书写的匾额

文字，令我十分珍爱。《李自成》中的语言是文白相杂，雅俗兼备，十分得体；四是《李自成》的最大成就应是成功地塑造出一批文学人物，如李自成、李岩、红娘子、张献忠、宋献策、牛金星、崇祯帝、杨嗣昌、吴三桂、洪承畴等等。这些人物的文学形象的成功塑造，是姚老的心血与才情凝聚的结果，对我创作上有很大的启发。《李自成》在这方面成就特别突出，故而，这部书又好读又耐读，不少章节可以反复诵读而不会使人厌倦，不愧是范文和经典。

……

我在读《李自成》的时候，常常会在心里想：历史小说应该这样写才是，这种写法就是历史小说的正宗。我在写作《曾国藩》《张之洞》等历史长篇的时候，也很自然地沿着姚老的路子走着。《曾国藩》和《张之洞》有幸能连获第一届、第二届姚雪垠长篇历史小说奖，正是评委们对我遵循由姚老所开创的历史小说正宗写法的认可。我对这位开启新时代历史小说先河的前辈表达由衷的敬意。

——摘自著名作家唐浩明《〈李自成〉对我创作的启迪》

没有姚老的拓荒性工作，也就没有
中国新文学学会的今天

王庆生

中国新文学学会成立30周年了。当我们纪念学会成立

30周年时，首先想到的是学会的创始人、首任会长姚雪垠先生。是他，呕心沥血，为中国新文学学会的创立奠定了坚实的基础；是他，殚精竭虑，为新文学的发展作出了杰出贡献。没有姚老的拓荒性工作，也就没有中国新文学学会的今天。

中国新文学学会是一个以高等院校从事中国当代文学教学和研究学者为主体，作家、评论家和报刊编辑等人士参加的全国性学术团体，成立于1980年。它的前身是中国当代文学学会。最近，在我清理有关学会工作的材料中，发现姚老写给我的信件就有20多封，其中多数是关于学会工作的。这些信都是姚老在写作《李自成》时抽空儿写的，有几封信写于凌晨，其中有封信是1982年7月17日凌晨4时写的。有两封信写得很长，每封信有4000多字。

为了做好学会的工作，姚老主要提出了以下几方面的意见：

一是学会要有明确的指导思想，把握正确导向。1989年9月，姚老给我及总会诸同志写了一封信，有4600多字。这封信主要分析了当时的文艺形势，对学会工作提出了7点建议，其中特别强调的是，"从事中国当代文学的教学与研究工作，应以马克思主义和毛泽东思想为指导""既要从发展的观点看历史，也要坚决捍卫五四以来新文学的健康传统，捍卫的目的不是保守，而是发扬，在已有的历史基础上促进新的创造"。在丹东年会上，姚老也明确提出："有少数同志

纪念姚雪垠文学创作60周年学术讨论会与会人员合影(1990年湖北)

甚至堕落到写色情、写封建迷信、渲染凶杀的地步。"解决这些问题，需要"用马克思主义指导自己的创作"……姚老提出的不少意见都是很有针对性的，学会的工作也正是按照姚老提出的意见去做的。

二是要认真做好学会工作，开好每届学术年会。学术年会是学会会员交流学术心得、探讨学术问题的平台。从学会成立开始，姚老就十分重视每届学术年会的召开，从年会讨论的主题，到召开年会的地点、活动安排、经费筹措等，他都十分关心，并且亲力亲为，进行落实。只要身体状况允许，姚老都抽出时间参加学术年会，并主持学会理事会，在大会上作学术报告，会后又同代表一起参观、考察。

三是要求学会会员加强文学修养，不断提高当代文学教学和研究水平。在西安、宜昌、丹东等地的年会上，姚老多次谈到提高当代文学教学和研究水平问题。在他看来，"一个时代有一个时代的文学。研究当代文学，对促进当代文学的发展，对社会主义精神文明建设，其意义远比古典文学研究大。研究今天比研究古代更有意义"，研究当代作品，要

10卷本《姚雪垠读史创作卡片全集》

"独立思考，有胆有识，不要随风倒，要不信邪，要有自己的见解。"等。总之，在中国新文学学会发展的历程中，姚老倾注了自己的心血，从学会的指导思想到学会的学术活动，姚老都给予了多方面的具体指导。正是姚老的有力指导，才使学会的工作始终沿着正确方向健康发展。

姚老不仅对学会工作倾注了心血，而且对我、对永健、德彪等同志也十分关心。1985年，我在工作中受到挫折，张永健告诉了姚老。姚老来武汉后，在永健的陪同下，亲自来到我家里鼓励我，这件事使我非常感动，感激之情难以言表。1987年，在承德召开学术年会时，姚老送给我一副对联："长江万里游鳞小，奋力飞腾逐大波。"1990年，姚老又送了一副对联给我，全文是："经多实践思方壮，勘破浮名意自平。1973年夏　旧作七律一首　有此二句：90年夏书赠庆生同志，纪八十岁文艺老兵　姚雪垠于北京"。这两副对联十分珍贵，我都请美术学院的同志装裱并珍藏，其中第一副对联用玻璃镜框装好挂在我家客厅之中，以激励自己在人生旅途上继续前行。

——摘自华中师范大学原校长、中国新文学学会原会长、中国现当代文学史学者王庆生《姚老与中国新文学学会》

姚老的人品如泰岱巍然 在我脑中矗立，其学识若瀛海渊博 在我心中荡漾

张永健

我在读大学时，从中文系资料室借了姚雪垠的一些作品：《牛全德与红萝卜》《戎马恋》《春暖花开的时候》《长夜》，利用休息日看完了。我被作品中新奇的人物（特别是各式农民形象）、素朴的语言、生动的故事所深深吸引，尤其是《长夜》给我留下了深刻的印象，并让我初步找到了《李自成》之所以在当代长篇历史小说中出类拔萃、难以企及的原因。

"文革"后期，在极"左"思潮严重干扰他写作《李自成》的情况下，便写信给毛主席，要求给予支持和帮助，毛

中国新文学学会会长姚雪垠（中）与学会常务副会长王庆生（右二）、秘书长张永健（左一）等合影（20世纪80年代）

主席很快批示。这时姚雪垠先生在我的心目中是一位神奇的、有才华的、有个性的，为毛主席所看重的作家……

然而，真正看到姚雪垠先生，结识姚雪垠先生，亲自感受到他的人格魅力，还是在"文革"之后。我第一次看见姚雪垠是1980年6月在广州召开的中国新文学学会（当时叫中国当代文学学会）第一次学术年会上。会上姚老作了《历史长篇小说的理论探讨》和《我对于中国风格中国气派的探索》两个报告，给我留下了极其深刻的印象。他穿着浅色西服，系着红色领带，鹤发童颜，满面笑容，双目闪亮，炯炯有神，和善亲切，满含自信。他作报告，没有讲稿，但条理清晰，逻辑严密、内容丰富，对古今中外的文学史如数家珍，对文人趣事了如指掌；他博闻强记，渊博多识，讲话形象生动、幽默风趣，不时为人们的笑声和掌声所打断……从

中国新文学学会在外地开年会期间姚雪垠在书写条幅（右为张永健）

1980～1999年，几乎每年要同姚老会面两三次，一是每年一次的年会，二是我去北京或是他来武汉向他汇报学会工作，有时几小时，有时几天。相处时间长了，彼此更加熟悉，对他的了解也日益加深、日益鲜明，同其他文学泰斗一样，其人品如泰岱巍然在我脑中矗立，其学识若瀛海渊博在我心中荡漾。

姚老作为会长，每年按时交纳会员会费，每次开会路费都带得足足的，不搞一点特殊化，从不以大作家自居，总是以身作则，严格要求自己。比如，1987年暑期承德年会，会议代表出奇的多，宾馆、党校招待所甚至附近农村的民居都安排满了。我们因为忙于安排会议代表住宿就忽略了姚老的起居，当晚，王梅彩老师和小孙女睡在床上，姚老就在沙发上睡了一夜。第二天早上我们才发现，很过意不去，一再向姚老道歉，说我们安排不周。姚老却笑着说："我睡得很好，来的代表多，说明我们的学会兴旺发达，是好事，都安排好了没有？"他关心的不是他自己，而是到会代表的吃住，使我深感惭愧，又深受教育。

——摘自中国新文学学会副会长、华中师范大学教授
张永健《文学巨匠，青年导师》

应该正确认识毛泽东

张永健

20世纪90年代，抗战后期在重庆曾和姚雪垠短期合作办过刊物的作家陈纪滢，在台湾《传记文学》上发表《记姚雪垠·三十年代作家直接印象记》，说姚老写《李自成》是"奉了钦命"，专为"吹捧毛泽东"而写的"影子传记"，因为"李自成是农民暴动的首领，毛泽东也是靠农民运动而起家的。"他的这篇文章在台湾和海外影响很大，甚至波及大陆，使有的人对姚老和《李自成》产生误解。但姚老对台湾这位老朋友的混淆是非的一派胡言，并不恼火生气，致信给他，进行"和言细语"的"耐心解释"。我对姚老的态度不理解，姚老说，陈纪滢在台湾多年，是抱着"正统"国民党立场而对内地、对毛泽东、对《李自成》进行贬斥的。这不足为奇，对他不应做过多指摘。

姚老在不同场合多次说过，对于毛泽东，我们不能"只从个人荣辱来谈论"，而应该"从民族的角度，从历史发展的角度"，"运用辩证法，实事求是"地来看待。他说："毛

泽东在他几十年的革命生涯中，表现出了多方面的伟大天才，做出了不可磨灭的伟大贡献，他理应受到全国人民乃至全世界人民的仰慕和尊崇。虽然他在晚年出现了各种失误，甚至犯了严重错误，使得我们对他有许多意见和看法，但是我们谁也无法否认，若从人类几千年的历史发展来看，他是人类历史上最伟大的人物之一，是属于我们中华民族的一位旷世英才；我们应该为有他这样的英雄而骄傲。"他还说："（毛泽东）对历史的了解，对我们这个民族的认识和把握程度，都达到了前无古人的高度。""这样一个人，他怎么会指派别人为他写'影子传记'？说'写《李自成》是为吹捧毛泽东'岂不是笑话！"根据毛泽东在延安把《甲申三百年祭》作为全党整风学习文件，在西柏坡、北京又多次提到进北京"赶考"不能学李自成的情景，姚雪垠说："（毛泽东）是把李自成当作了一个反面教员，提醒从中央到地方各

晚年姚雪垠（1995年）

级干部进京后不要腐化堕落。如今看来，他的提醒非常必要，他高瞻远瞩，看得很远。创业难，守业更难啊。我们今天的腐败之风蔓延，与淡忘了毛泽东当年对全党的一再提醒有很大关系。"

由此可见，姚雪垠先生对中国革命，对中国共产党、对马克思主义、对毛泽东思想、对国家的前途，是由衷的信仰，有坚定的信念，充满了信心，不是凭一时热情，心血来潮，个人情感，更不是因为毛泽东两次支持他写《李自成》，而是源于一种"浩然之气"——一生矢志不渝的信仰所使然。

——摘自中国新文学学会副会长、华中师范大学教授
张永健《文学巨匠，青年导师》

矢志不渝的信仰

熊德彪

姚老的一生可以说是多灾多难、坎坷曲折的传奇人生。新中国成立前后他都受了很大的委屈和很多不公正的待遇，但他不仅不抱怨和责备党和国家，反而对其充满了真诚而又执着的感情。

1981年6月初，姚老即将结束他的故乡之行。有一天晚上他对我说："德彪，今年年底我将回一趟武汉，一是要汇报工作，另一件重要的事情，就是省文联党组可能要讨论我

的入党问题。"提起姚老的入党问题，我若有所思，一下子接不上话来。姚老见状，忙问我怎么了？我说："姚老，有个问题我不知该不该问？"姚老说："什么问题？可以问。"于是我接着说："我在武汉的时候，听人说，姚雪垠被共产党打成了'极右'，挨整受罪二十几年，粉碎'四人帮'后刚刚为他平了反，可是他却急不可耐地写申请，要求加入打他右派的共产党。真不知道他是怎么想的。他这样做，究竟是为什么？"

姚老听后苦笑了一下说："是呀，一般人是不知道这是为什么，但你德彪应该理解我。"姚老说，他这一辈子信仰马克思主义，积极追随共产党。21岁时，他在河南大学读预科，因参加共产党领导的学生运动被学校开除，国民党当局以"共产党嫌疑"罪将其逮捕，后又被学校开除学籍；抗战爆发后，他参与发起并主编了中原"最前进"的抗日救亡《风雨》周刊，曾以战地记者和战区作家的身份深入抗战前线数年，并在第五战区从事抗日进步文化活动。后到陪都重庆，被共产党领导的文艺界统一战线组织"中华全国文艺界抗敌协会"选为理事，兼任创作研究部副部长；抗战胜利后，当国民党在重庆校场口围殴民主人士时，他不顾自己的安危挺身抗议；新中国成立前夕，他创作并出版了揭露国民党黑暗统治的长篇小说《长夜》；新中国成立以后，在党的

"双百"方针指引下，出于对党的信任和爱护，真心诚意帮党整风，以一颗赤子之心，发表了一些发自肺腑的逆耳忠言，对文艺界存在的极"左"思潮、官僚主义、教条主义和宗派主义等弊端善意地提出了尖锐的批评，结果招致了灭顶之灾。"在湖北省委为我改正错划'右派'问题后，我的确很快向省文联党组织提交了入党申请。这说明我一生对党忠贞不贰，始终如一。若问这是为什么，因为我一直都把党当作我的精神母亲。母亲即使错怪甚至错打了孩子，作为儿子，没有任何理由和权利去抱怨责怪哺育自己的母亲。"姚老接着用浓重的河南口音说："用俺家乡的一句俗话来说，

姚雪垠画像（作者刘宇一）

那就是'家鸡打得堂前转，野鸡不打满天飞'。自己不管受了多大的委屈，也不能背弃党。"我听了心灵为之一振，久久不能平静。

——摘自中国新文学学会副会长、湖北大学教授
熊德彪《自成格调不随人》

我不会落井下石

熊德彪

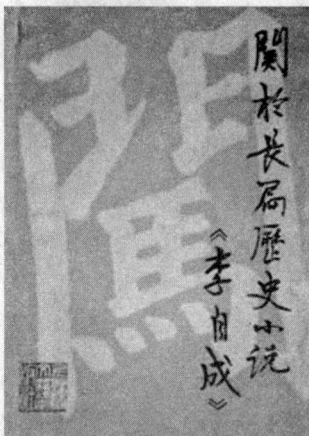

《李自成》评论集

20世纪80年代中后期，姚老与当时所谓的文艺理论权威刘再复就文艺主体性等问题进行了一场公开论争。在论争中，姚老的文章观点鲜明，有理有据，引经据典，实事求是，很有说服力。可是刘再复不惜编造谎言，颠倒事实，把"文革"前已经出版的《李自成》第一卷和已基本写好的第二卷从政治上与"四人帮"挂起钩来，硬说《李自成》是为"四人帮"阴谋篡权服务的"文革文学"，欲置姚老和《李自成》于死地。刘再复还别有用心地组织"工农兵"写文章对姚老进行人身攻击。历史证

湖北老河口五战区长官司令部遗址的大门前，左右两侧有大型浮雕。左侧有曾在战区从事抗战文化工作的著名文化人老舍、姚雪垠、胡绳、臧克家的雕像（左起）

明了姚老的清白与正确，而后来，刘再复却跑到了国外。刘出走之后，不少媒体争相约请姚老写文章狠批刘再复。有人满以为姚老必将发表文章和讲话，以报刘再复的一箭之仇。可是姚老却婉言谢绝了编辑、记者们的采访和约稿。他曾向我谈起过当时的情形，我问他这是为什么？他说："我与刘再复是一场理论之争，学术之争。在那场论争中，我的观点都已经阐述过了，历史也对这场论争做了结论。是非功过，人心自有公论。随着时间的推移，是非更会清楚。学术上的观点之争总是会有的，既然有论争，就会有正确与错误。当年他虽对我不仁，现在我若得理不饶人，甚至幸灾乐祸，落井下石，那就有失我们民族的传统美德，违背了做人的基本准则，陷自己于不义。"姚老这番饱含人生哲理的肺腑之言，使我看到一个党员作家坦诚博大的胸怀，宽容大度的气量，使我深深体悟到"听君一席话，胜读十年书"。

纵观姚老的一生，无论是文学创作，学术研究，还是个性品德，人格精神，都可以说成就卓著，格调高雅，超凡脱俗，自成一家。他从不随波逐流，始终坚持自己有别于他人的独特艺术风格和精神风貌。不管别人如何评说，他至死不悔，因为他坚信用毕生心智和沉重代价凝成的立身箴言："自成格调不随人。"

> ——摘自中国新文学学会副会长、湖北大学教授
> 熊德彪《自成格调不随人》

完成过半的《白杨树》就这样烧掉了

刘增杰

我和姚雪垠先生的第一次接触是1953年春天。那时候，我正在河南省新乡一所地方高校读书。一天，风度翩翩的任课老师徐士年先生神色兴奋地走进教室宣布："报告大家一个好消息，明天，著名作家姚雪垠先生应邀来学校作演讲。"他的话音未落，课堂上就响起了一片欢呼声。接着，徐老师当场就分析起姚先生的作品来。已经过去了半个多世纪，徐老师讲课的具体内容已经变得模糊

了，可他关于《差半车麦秸》小说中主人公绰号的介绍却仍然记忆犹新。班里的学生一多半是河南人，大家对"差半车麦秸"这个土得掉渣儿的绰号当然心领神会，课堂上的气氛轻松热烈。第二天，姚先生的讲演果然精彩。他说的是普通话，可是乡音很重。姚先生左右逢源，谈笑风生，富有幽默感的讲演，一下子就征

姚雪垠与妻妹王西玲、外甥女周小南拍照于天安门前（1957年）

服了到场的听众。演讲结束了，同学们像今天的追星族一样，熙熙攘攘，蜂拥着姚先生走出礼堂。讲演主持人高一声低一声地劝阻了好一阵子，姚先生乘坐的车子才得以渐渐远去。

到了星期天，我和班上几个同学一合计，就径自风风火火，从学校所在地的郊区，步行十几里路，来到姚先生体验生活的新乡通丰面粉厂，天真地想和作家会见。我们不切实际的要求，理所当然地遭到了工厂领导的拒绝。在厂领导拒绝了我们的要求后，依仗着年轻气盛，我们相互挤挤眼，配合默契地和他们玩起了软磨硬抗战术。被缠得无法脱身的厂

1951年姚雪垠（后排中）从上海回到河南之后

领导，终于妥协："作家很忙，你们见见面就回去，不要影响他工作。"这位领导边说边指使身边的工作人员把我们送到了姚先生的住所。见到我们这几位不速之客，姚先生先是一愣，但听到我们的诉说后，随即友好地笑着说："欢迎，欢迎。"同时用眼睛示意我们坐下来说话。姚先生这间住房位于一座小楼的2层，十分简陋，除了一张书桌和一个单人床铺外，剩下的空间已经很小。初次和作家近距离接触，我们挤坐在一起，竟有了几分拘谨，以至于提不出任何有意义的话题，只是喃喃地重复着怎样才能成为一个作家这类自认为重要却幼稚得可笑的问题。姚先生机智地翻了一下眼睛，轻声说："大家想当作家，很好很好。可眼前要好好读书。长大了，慢慢就明白了。"接着，他转了话题，问了一些学校发生的大事小事。这时候，我们的话匣子才打开。大家你一言，我一语，说了许多学校最近发生的趣事。姚先生听得很认真，谈话的气氛轻松了起来。

姚先生告诉我们，目前他正在写一部反映面粉厂工人生活的小说，写好了大家可以先看看，提提意见。还说，班里哪位同学的字写得好，可以帮帮忙，抄点稿子。我们爽快地答应了下来。此后，我们又去过面粉厂几次，把抄写好的稿子送过去。姚先生反映面粉厂工人生活的小说，我们后来没有看见杂志上刊登出来。几十年后，读到姚先生的回忆录才得知：发现解放初期文艺创作中存在着题材狭窄，作品情节大同小异，创作走进死胡同的问题，姚先生"采取了一个十分天真的办法，即不经过领导批准，秘密地按照自己选好的题材进行创作"。可是，这条路同样也走不通。他秘密创作的反映面粉厂工人生活的小说《白杨树》（就是我动员几位同学帮助抄写过的那部作品），还是遭遇到了无可挽回的厄

姚雪垠夫妇在武汉（1964年）

运。姚先生回忆说："大概写到将近20万字时，被领导知道了。一天晚上，一位领导同志派人请我到他的房间里谈话。虽然是领导和被领导关系，但也是老朋友。他问我是不是正在写一部长篇小说，书名叫作《白杨树》。我当然很高兴地告诉他说，我是在写，而且已经写了十几万字。我将故事梗概和主题思想都告诉了他。我原以为他听了会很高兴，给我打气，没料到适得其反，他反对我继续写下去，语气十分肯定。他的理由有两条，大意是：

第一，你写工人，但是没有写党的领导。我们目前强调写党的领导，你的长篇小说不写党的领导，这一点就不能通过。

第二，你的小说中虽然后面写到了党的领导，例如在日军占领期间，工人们开始同地下党发生了联系，在豫北解放时，在地下党的领导下进行护厂斗争。但是你不是地下党员，没有领导地下斗争的经验，如何能写得好？

……

他坚持他的意见，我坚持我的意见，互不相让，争吵起来。

……

这一次事件发生之后，我确实十分痛心和愤慨。我想不通，一怒之下，噙着眼泪将稿子撕毁，烧了。这是在暴怒之下做出的一大错事，永留后悔。"

——摘自河南大学教授、河南省文学会会长刘增杰
《永葆创作活力的中原智者》

一位极具创作个性的作家

刘增杰

对长篇小说《白杨树》撕毁烧掉这件事，姚先生还曾说过："我一生吃了性格倔强的大亏，至今已经暮年，禀性难移，悔也不及！"这话确实是他经历过无数次劫难之后发自内心深处的感叹。性格倔强，使姚先生吃了大亏，蒙受过大难。从20世纪30年代在河南大学上学期间因思想进步被地方军警逮捕，到50年代又因为对种种清规戒律扼杀创作放胆直言而划成"极右派"，都是他性格倔强惹来的横祸。

姚雪垠在回忆录里从来没有正面阐发过"性格倔强"的

姚雪垠（前排中）赴上海前在河南大学与同乡合影（1947年）

另一面，即这样的性格怎样成全了他，使他能够成为20世纪中国屈指可数的文学大家——一位极具创作个性的作家。事实是，"禀性难移"的倔强，才使他在创作中没有犯下软骨病。人们才能从他那宁折不弯，一身正气的性格中读出感动，读出高尚。文学大美，尽在独立。此时，我忆起了先生1956～1957年发表的几篇评论文字，并从中找到了"性格倔强""禀性难移"真正的内在魅力。

——摘自河南大学教授、河南省文学会会长刘增杰
《永葆创作活力的中原智者》

我跟踪采访姚雪垠先生二十三年

杨建业

姚雪垠是文学大师，有着传奇、坎坷和辉煌的一生。我作为新华社记者，有幸结识大师，并从1976年到1999年跟踪采访他23年，采写播发了十几篇关于姚雪垠的各类报道，其中有向中央反映情况的内参，有给香港报纸撰写的长篇人物专访，有新闻、长篇通讯、报告文学、也有关于他登

上文坛之前的传记文学。这些报道在海内外产生了广泛影响。向中央反映情况的内参，对1976年粉碎"四人帮"之后解决姚雪垠先生工作和生活的困难起到了推动作用。不久，姚老在北京的住房和工作助手问题得到了圆满解决。我为姚老做了力所能及的事情，感到些许欣慰。

在采写这些报道的时候，我经常去姚老家里，与姚老一次次长谈，详细了解他创作、治学及生活等方面的详细情况。有时候到了吃饭时候，姚老和他夫人王梅彩就热情留我吃饭，同姚老一边吃着猪耳朵，一边喝着茅台酒，一边和他亲切交谈。此情此景，永留脑海。

有一次，至今记忆犹新：1981年的元宵节，我和新华通讯社社长穆青（他是姚老30年代的学生和革命引路人）等5

姚雪垠与杨建业（左）在畅谈（1985年）

人到姚老家，请姚老谈《李自成》第三、四、五卷的写作计划和故事梗概。结果一谈就是整整一天。午饭，姚老在家里请我们吃烤鸭。姚老谈的时候，完全进入了角色，讲得有声有色，有时轻松愉快，有时泣不成声，我们完全被吸引了。磁带录了好几盘，笔记本记了一大本。

我和姚老相识23年，他是我敬仰的师长，亦是关系密切的朋友。在和姚老频繁接触、访谈的过程中，使我对姚老有越来越深入的了解和认识，并且被他的事迹和精神深深感动，萌生了为姚老写传的想法。于是，在完成新华社报道任务、给报刊和出版社撰写稿子的同时，我投入不少时间和精力收集和整理关于姚老大量第一手资料，为写长篇传记文学《姚雪垠传》打下了坚实的基础。其中最重要的是，我按照事先拟定的详细采访提纲，从1986年10月到1987年12月先后用了15个星期天下午，同姚老进行有问有答的长谈，每次都在3个小时以上。然后由我妻子魏穆紫将采访录音磁带整理出将近10万字的文字稿。在做了各方面的充分准备之后，开始动笔写作《姚雪垠传》。经过10个多月的奋战，终于完成了26万字的书稿，并赶在1990年10月姚雪垠先生八十华诞时出版，作为送给姚雪垠先生的一份贺礼。

为防止十几盘采访录音磁带日久脱磁，妻子全部转换成光盘，同时送给姚老之子姚海天一套，以便永久保存。这是研究姚老十分珍贵的口述录音文献资料。

《姚雪垠传》出版后，新华社和中国新闻社向海内外发了消息，新华社的电文说："这部传记以丰富详实的材料，真实生动地再现了如今已八十高龄的老作家姚雪垠富有传奇色彩的经历和创作生涯；描绘了他以惊人的毅力创作长篇历

杨建业著的两个版本的《姚雪垠传》

史小说《李自成》的艰难道路；展示了我国半个多世纪以来历史风云的变幻。书中还记述了姚雪垠同毛泽东、周恩来、邓小平，以及郭沫若、茅盾、叶圣陶、胡绳、吴晗和朱光潜等等许多名人的交往。"

海内外众多媒体对《姚雪垠传》作了报道，有的甚至连载全书，在读者中产生了影响。后来《姚雪垠传》几次再版，对姚雪垠先生卓越的文学成就和高尚的精神品德起到了宣传和弘扬作用。

1998年春节，我从香港回内地休假去看望姚老，他已经中风，但头脑清晰，两眼仍是那样炯炯有神。他静静地躺在床上听我说话，偶尔也同我说几句。万想不到，这次见面竟成永别。

姚老辞世后，我赋诗一首，以表达我的哀思和缅怀。

姚老远行太遗憾，
多少宏愿未实现。
巨著惊人谁定稿?!
音容笑貌犹眼前。
传奇一生树典范，
著作等身留人间。
文坛哀鸣读者悲，
师友痛失我断肠!

　　——摘自新华社原高级记者、传记文学作家杨建业
《我跟踪采访姚雪垠先生二十三年》

我很小就看姚老的作品，对我影响很大

周大新

　　姚雪垠先生是我尊敬的前辈作家，他是我们邓州人的骄傲。我很小时就看他的作品，对我影响很大。我读了《四月交响曲》，感受到姚雪垠先生在抗战时期确实是一个战士，他到过湖北战场，到过安徽战场，到过徐州战场，也到过山东战场，在长达5年时间里经常冒着敌人的炮

火，徒步奔走数千里，到前线采访，也经常在敌机的狂轰滥炸中写出一部部作品。当时这么长时间坚持在前方从事文化救亡工作的作家并不多，姚老确实了不起，是一个有强烈爱国心的作家，是一个一心想把我们国家拯救过来的战士，所以我对他充满敬意。

阅读散文集《四月交响曲》，我了解了不少抗战时期的真实情况。譬如说，散文里说到当时的一些县长、区长、保长和甲长发国难财，有的县长能买 2000 亩地，这些钱从哪里来？还不是贪污来的。还了解到战区里老百姓的生活非常艰难困苦，很多人拖家带口逃难，躲避战火，生死未卜。有一篇散文谈到他和袁宝华从舞阳回到南阳，走了 4 天时间，今天开汽车只是一个来小时，说明当时抗战生活的艰苦。阅读姚老的散文，感受到他的散文文字的魅力。一些散文同我们南阳的方言、同当时通用的国语结合起来写，很有味道。比

纪念抗战胜利 70 周年之际，在北京举行的姚雪垠抗战作品座谈会（2015年）

如，描写一个12岁的孩子吃面条，端着黑瓦碗，吃一段面条后鼻涕流出来了，是热鼻涕，流很长，然后他用手一捏，像丝一样扯很长，甩到大路上，结果大路上一个人走过来了。这种描写很有意思，让我觉得在那个年代，姚老也才二三十岁，他的文学造诣确实比我高，高了很多，应该向姚老学习。

——摘自著名军旅作家周大新2015年在《姚雪垠抗战作品选》座谈会上的发言

可以预见，能流传后世的最杰出的作品中一定会有《李自成》

张志和

文学一定要触及人的心灵。首先，一个真正伟大的作家，一定是有情怀的作家，这个情怀是家国情怀；第二，一定是有崇高人格的作家；第三，一定是有担当的作家。姚老一生太不容易了，大家都说他一生坎坷受苦，受什么苦？首先是政治之苦。他在国民党第五战区从事抗战文化工作期间，传说蒋介石要抓他、要杀他；后来到皖西金寨主编救亡刊物《中原文化》，又几乎被国民党特务活埋。新中国成立后，因文艺思想和领导不同，又长期受打压，很多创作计划落空，尤其是即将完成的长篇小说《白杨树》，稿子在姚老一时愤怒之下被他烧掉。

姚老为什么现在还这么受人尊敬呢？他的抗战作品，尤其是《春暖花开的时候》，现在大陆很少有人知道，但在抗战时期的国统区这么火，在港澳和东南亚华人读者中这么火，为什么？姚老一辈子有情怀、有追求，追求什么呢？追求现实主义与浪漫主义的完美结合，追求优美与壮美的结合。《春暖花开的时候》是追求优美的好作品，真实地反映了抗战初期的河南一县城一群男女青年的抗战生活，尤其是比喻为

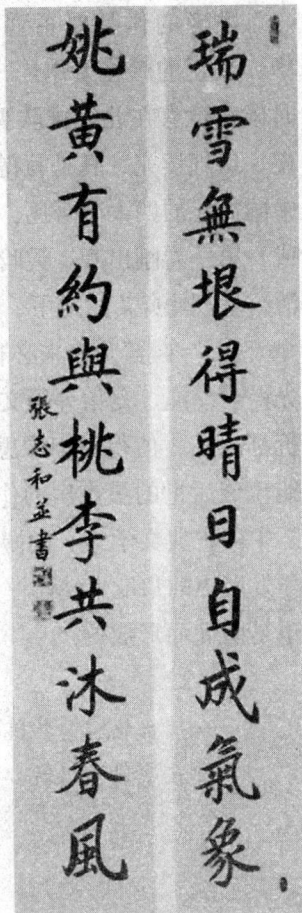

张志和给邓州市姚雪垠文学馆书写的长联（2005年）

"太阳·月亮·星星"的3个青年女性写得真好。后来他更成熟的巨著《李自成》，把优美与壮美结合得非常好。在现代中国作家中，像姚老一样有硬骨头、有担当又真诚的作家不多了。

姚老的作品要系列地看，早期作品表现的是他的才华，真正的辉煌大作是《李自成》，尤其是第一、二卷。那时候我没有在北京排队买《李自成》，但阅读的时候也是连夜一口气读完，真是写得太好了！它可以跟什么比？可以跟中国古代的四大名著比，完全可以并驾齐驱。1963年《李自成》第一卷刚出版，吴晗就认为《李自成》第一卷不在《水浒》《三国演义》之下，甚至超过了它们。曹禺多次说过，今天有"红学"，将来必有"李学"。还有郭沫若、茅盾、朱光潜、胡绳、夏衍等等文史学界的老前辈们对《李自成》评价都很高，值得我们深思。可以预见，在中华民族历史上，能流传后世的最杰出的作品中，一定会有《李自成》。我是学中国古典文学的，读博又师从启功先生，是从小说史和文学发展史的角度来整体评价姚老的作品。我对老人家的敬意也是由此而形成的。

——摘自故宫博物院研究员、著名书法家张志和2015年
在《姚雪垠抗战作品选》座谈会上的发言

难忘姚老两件事

杨存恒

20世纪80年代初，记得有次我去看望姚老。正在和他交谈时，听到有人敲门，开门后进来一位陌生的青年人，开始他很拘谨，站在那儿不敢说话。姚老很和蔼，请他坐下，问

他："你是什么地方人？找我有什么事情？尽管说。"小伙不好意思地回答："我是北京知青，'文革'中去内蒙古插队，去年返回北京，但我爱人至今还留在那里。经我多方努力，北京市现已同意她调回，但内蒙古那边还不大同意，有位领导提出，如果你能请姚雪垠先生给写幅字就同意给办调动手续。我今天来就是向您求幅字，不知您给不给写？"听了他这番话，姚老动情而爽快地回答："给写，给写，现在就写。"说着他走进书房取出宣纸和笔墨，挥笔写了四言诗一首，盖了印章，晾干叠好装进信袋交给小伙子。小伙子感动得热泪盈眶，不知说什么好，一个劲地作揖鞠躬表示感谢。后来听说这小伙子带上姚老这幅字去了内蒙古，很顺利地将他爱人调回了北京，夫妻团聚了。后来，他夫妻俩还一同登门看望、感谢姚老。姚老也为办成这件事十分欣慰和高兴。他曾给我说过，连他自己也没想到，他的一张字能起这么大的作用。后来他更没有想到的是，到了1994年，在国内一次拍卖会上，他的一副楹联拍出了34万的高价。殊不知，姚老的《李自成》印了几百万套，可生前家里存款最多时才万余元！

姚老到了晚年写作任务十分繁重，惜时如金，起早贪黑，分秒必争搞创作。但对来求字的人，有求必应，分文不收。求字者顶多带点家乡土特产或保健品表示谢意。但姚老的家人多次提出想让他写几幅留作纪念，他总是说："不急，不急，待以后有时间再写不迟。"直到他突然中风，也没给家里人留下一幅书法作品。现在他家客厅中挂的一幅姚老书写的对联，还是他儿子姚海天在父亲去世后在一次拍卖会上买回来的。这从一个方面体现了姚老的思想人格。由姚老给人无偿写字，我常常想到，近些年出现字画收藏、送礼热，有些名人和书画家，大笔一挥，就是几万、几十万元，钱少莫开口。如此天地之别，令人感慨。

在和姚老的长期交往中，我对姚老的强烈爱国心深有感触，因我在航天单位工作，当我每次去看望姚老时，他总要仔细询问我国航天事业发展情况。记得有一次我告诉他，我国已研制发射试验成功了洲际弹道导弹时，他高兴得忽然从沙发上站了起来，连声说："好啊！好啊！我国终于有了自己的撒手锏了，值得庆贺！"接着，他心情沉重地说："在近现代，特别是在无能民国和民国以前，外国列强之所以敢不断侵略蹂躏我国，逼迫我国签订许多赔款割地、丧权辱国的不平等条约，就是由于清朝统治者腐朽无能，国家贫穷落后造成的。那时，人家用的是洋枪洋炮，我们还是用的大刀长矛，这怎能不受人宰割？"他长叹了一口气，接着说："现在好了，我们有了自己的撒手锏，中国人的腰杆就硬了，别人也不敢侵略我们了。"

1977年春，姚老突发脑梗，行走说话困难，且病情日益加重。1999年初，我再次到家看望他时，姚老身体已十分消瘦虚弱，不能走路，但双目仍炯炯有神。我告诉他我国自行研制的神舟飞船即将发射的消息，他听后，激动得老泪纵横，我怕他太激动，就把话题岔开，但他就是揪住这个话题

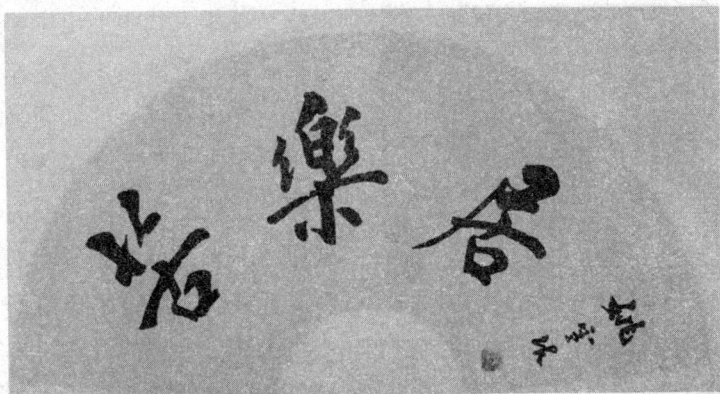

姚雪垠为杨存恒书写的"苦乐居"

不放，虽然说话困难，但仍一再追问："什么时候发射？能成功吗？"我回答："快了，快了，一定能成功。"这时他像个孩子一样，满意地绽开了笑容。姚老的这种强烈的爱国心，深深地感动了我。此情此景，我至今难忘。

——摘自中国航天五院原机关党委书记杨存恒《怀念姚老》

姚雪垠在"文革"中公开质疑"三突出"

程涛平

1972年夏天，姚雪垠从五七干校回到武汉，参加武汉市文艺创作会议。我作为工农兵作者被邀请参加会议。在分组会上讨论由革命样板戏创立的"三突出"原则，即文艺创作中要做到一般人物中突出正面人物，正面人物中突出英雄

人物，英雄人物中突出主要英雄人物的原则。一位老作家说得振振有词：这如同马克思列宁主义、毛泽东思想一样，是放之四海而皆准的真理，不光写小说、写剧本要遵行，就连杂技团叠椅子这样的节目，也要体现"三突出"的原则。在场的人都纷纷随声附和，表示赞同。但是姚雪垠却说："这固然有一定道理，但只适用于一定领域，不是放之四海而皆准的。例如杂技团叠椅子节目，非常简单，没有剧情，人物也少，'三突出'原则就不适用。"姚雪垠态度从容，似乎在说明一个非常简单的道理，简单得没有必要再议论下去。姚雪垠的发言，使原本波澜不惊的讨论掀起轩然大波。先是主张叠椅子也适用"三突出"原则的那位老作家，怒不可遏，说姚雪垠

姚雪垠与程涛平在武汉合影（1985年）

的发言直接攻击革命的"三突出"原则，是典型的文艺黑线回潮，号召每一个人在这大是大非的问题上，要旗帜鲜明，誓死捍卫毛主席的革命文艺路线。紧接着，一个接一个发言，都显得十分革命，调子一个比一个高，一致谴责怀疑"三突出"原则的姚雪垠，会场上弥漫着浓重的火药味。姚雪垠却十分镇静，依然坚持说"三突出"原则是不能到处套用的。

第二天是大会自由发言，主持人说姚雪垠对"三突出"原则有不同看法，请他先发言。姚雪垠健步登上讲台，用洪亮的河南话，理直气壮地再次阐述他的观点。他一讲完，上台发言者几乎都把姚雪垠当成活靶子，上纲上线，万炮齐轰，不少人觉得好像是立功的机会来了，争先恐后地对姚雪垠公然攻击"三突出"原则的行为表示极大的愤慨，讨论会完全成了不折不扣的批判会。

会后，由于武汉市领导对姚雪垠的保护，此事不了了

"文革"中姚雪垠参加武汉市创作会议合影（右二姚雪垠，右四程涛平）。姚雪垠在会上质疑"三突出"而受到大会批判

之。过了4年，粉碎了"四人帮"，对批判姚雪垠质疑"三突出"一事，无人再提。

——摘自湖北省著名楚学专家、武汉市原发改委委员
程涛平《"文革"中姚雪垠对"三突出"的质疑》

一个大爱的人

程秋萍

20世纪80年代初，姚老每次回武汉参加省文联会议、讲学都住在东湖翠柳村。一天下午，我陪姚老在翠柳村餐厅吃饭。正吃着，餐厅进来一群开完会后进餐的人，有个50多岁的夹个文件袋、干部模样的人，怯生生地走到姚老身旁，唤了好几声姚老，姚老愣了半天没认出他。只见这位来者后退两步，恭恭敬敬地向姚老鞠躬，一边鞠躬一边说："姚老，我错了，我对不起你，我现在向你道歉。1959年在东西湖农场，我要你揭发别人的反党言论，你拒不揭发，我大声训斥你，还拿牛鞭子捅了你。"姚老这时才明白过来，站了起来，亲切地用手拍打他的肩膀，

姚雪垠和邓州学生们见面

爽朗地大笑说："啊，是你呀，那时我患了严重的风湿病，走路困难，你要我揭发别人，我不揭发，你用鞭子捅我，我就对你说，总有一天，你会到我面前认错的，没想到今天应验了。"这个人忙从文件袋里拿出一个本子和笔，满脸愧疚和期待地恳请姚老在他本上签个名，留作纪念。姚老毫不介意地满口答应，边签名边说："咋这么巧，在这里碰到你。"这个人激动得眼泪汪汪，收回本子，忙向姚老连鞠了几个躬离去。

我对姚老的举动很不理解，对他说："当年他那样训斥你，用鞭子捅你，你还给他签名！"姚老却说："这个人，当时很年轻，犯的错是那个时代的错，那个时代造成了多少人间恩怨和悲剧。事情过去多少年了，一个人活着要多一些爱，少一些恨，如果我姚雪垠每天生活在恩怨和仇恨中，早就自杀了，哪还有今天？"

1987年，文艺理论界进行批评和商榷，这本是正常的学

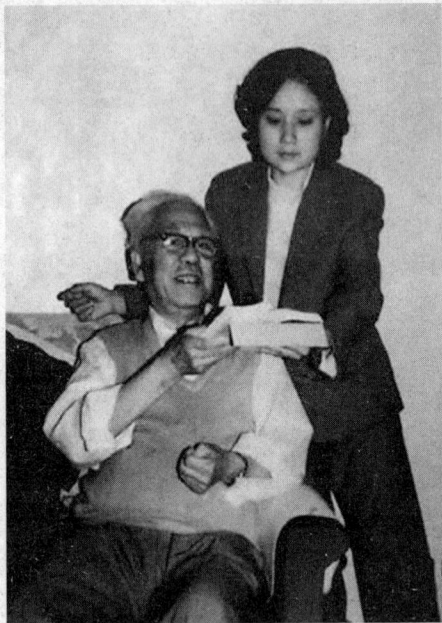
程秋萍与姚雪垠

术争论，后来却演变成一场对姚老的政治讨伐，对人身和《李自成》的无端诽谤和攻击。"六四"时，刘××跑到外国去了。这时候有些人建议姚老趁机痛批他。姚老拒绝了，笑笑说："这是两回事，学术是学术，政治是政治，我们是学术上的争论，我不是落井下石的人。"事情虽不大，但姚老的话很快传开了，成为人们的美谈。

两相对比，孰高孰低？

——摘自《武汉晚报》高级记者程秋萍《大爱的人》

姚老的良知与情怀

丁声俊

"声俊，常来看我，给我说说新消息！"姚老那慈祥亲切的声音直到今天还常回响在我的耳畔，一次次去拜访姚老，和姚老的谈话至今仍记忆犹新。

有一次我去木樨地看望姚老，听他讲在创作《李自成》过程中的美学追求。姚老说，1975年底他从武汉到北京修改《李自成》第二卷，困难很大。当时的社会氛围很糟糕，"四人帮"大搞歪曲历史、"影射史学""儒法斗争"。修改工作面临着两种抉择：一种是走坚持真理的艰难道路，按照历史唯物主义原则，写一部轰轰烈烈、气壮山河的农民战争；另一种是屈服于"四人帮"的淫威，按照所谓的"三突出""三陪衬"的谬论，

为纪念抗战胜利70周年出版的《姚雪垠抗战作品选》、《春暖花开的时候》（长篇小说）、《牛全德与红萝卜》（中短篇小说）、《四月交响曲》（散文集）（2015年）

把"儒法斗争"作为创作《李自成》的主线，把李自成塑造成"反孔英雄"。姚老极其坚定地说：一个作家没有骨气，没有灵魂，即使写出了"作品"，也只能是祸害读者的作品。为了对人民、对历史负责，他只能选择前者。姚老甚至说，我做好了充分的精神准备，即使我生前《李自成》第二卷不能出版问世，我也决不能像"梁效""罗思鼎"之流的笔杆子们那样，投机钻营，愚弄百姓。那是对历史、对人民的犯罪。他的这种坚定的信念，体现在如下的诗句里："十年寂寞篷窗女，羞学江家时样妆。"这就是倔强自信、坚决顶住所谓李自成是"反孔英雄"谬论的老作家！这就是一位怀抱崇高良知的老作家的性格和风格！

——摘自国家粮食局研究中心原主任、著名粮食专家
丁声俊《高尚的良知　磊落的情怀》

姚雪垠完全可以跻身中国现当代大文学批评家的行列

熊元义

在中国现当代文学史上，姚雪垠是一位在文学创作和文艺理论上都取得突出成就的作家，而姚雪垠在文艺理论上的突出贡献并不为人所知。与文学创作相比，姚雪垠在文学批评实践中所取得的文艺理论成就绝不逊色，完全可以跻身中国现当代大文学批评家行列。他在文艺理论方面的主要贡献是：

一、不但在文学创作上开辟了一条历史小说创作的新路，而且在现实主义文学理论和长篇历史小说美学上也取得了独特贡献，形成了较为完整的体系。

二、他（包括茅盾）是中国当代文艺思想解放运动的先驱。在"文化大革命"结束前后，就能够自觉抵制各种错误的文艺思想并积极地推动中国文艺界的思想解放运动。

三、他（包括茅盾）推动了中国当代文学评论的深入和转轨。姚雪垠和茅盾在通信中不但有力地抵制了当时文艺批评不谈艺术的不良倾向，而且尖锐地批评了当时文学创作的简单化、公式化、表面化的现象。

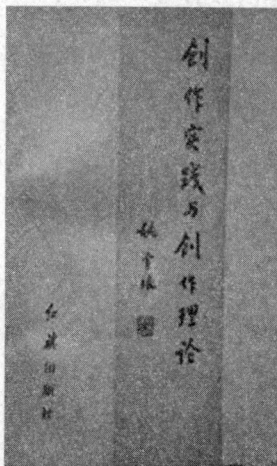

姚雪垠部分文艺论文与史学论文

四、推动了中国现代文学史写作的深入。在"文革"结束后即提出中国现代文学史的两种编写方法，即目前通行的编写方法和"大文学史"的编写方法，推动了中国现代文学史写作的深入。

五、不但积极推动中国当代红学界的思想解放，而且致力于扭转中国当代红学的发展方向，反对《红楼梦》研究重思想轻艺术的倾向。他在推动中国当代红学的发展时没有停留在红学上，而是要求红学"探索产生一个伟大作家或伟大作品的若干规律"。这些规律既指出了历史经验，也对中国当代文学的发展起到启发和指导作用。

——摘自《文艺报》原编辑部主任、文艺理论家熊元义在
2013年《李自成》出版50周年纪念座谈会上的发言

姚伯伯是敢于坚持真理的老作家

任亮直

在20世纪80年代，以西方各种哲学流派为思想基础的现代派文学思潮涌入国门后，许多人不鉴别，不分析，一窝蜂地盲目吹捧、学步。一时间，民族虚无主义，全盘西化论甚嚣尘上。更有文坛上某些有影响的人物，以所谓的"文学的主体性"挑战马克思主义的文艺理论，目的在于取消马克思主义的指导地位。出于捍卫马克思主义文艺理论的强烈责任感，姚伯伯停下了手头的小说创作，先后发表了《创作实

践与创作理论》《继承和发扬祖国文学史的光荣传统》两篇鸿文，使那位所谓理论的创新者，以及为其摇旗呐喊者，因理论上的理屈词穷而转为造谣、诽谤和人身攻击，把正常学术争论引向邪路。同年11月底，先父任访秋收到姚伯伯寄赠的收有这两篇鸿文的小册子。先父在11月25日的日记中写道："过去对刘某的文章很少看。今读姚文，觉刘某对中国文学知之甚为粗浅，甚至到了缺乏常识的地步，而竟能享大名。"（沈卫威编《任访秋先生纪念集》，河南大学出版社2004年出版）翌日，先父在回复姚伯伯的信中写道："为捍卫马克思主义文艺理论，发扬祖国文学的优良传统，对民族虚无主义与全盘西化论者予以有力地驳斥与抨击，我认为是非常必要的。上半年，我曾写了篇《鲁迅论中西文化》，兹奉上，请指正。"先父还把姚伯伯的文章让我看，并嘱我执笔写了篇《历史的无情选择——漫议文化的借鉴与继承》，用以批判盲目学步西方现代派的文士。在这次论争中，可以说先父和姚伯伯又是同一阵线上的战友。

……

姚伯伯在创作实践和学术研究上，坚持马克思主义的辩证唯物主义、历史唯物主义，以实事求是为依归。反之，对于那些阿谀逢迎、趋时媚俗，有哗众取宠之意，无实事求是之心的文风十分厌恶。也正是如此，先父和姚伯伯相聚时，

河南大学举行的《李自成》学术研讨会部分与会人员。前排右起：严家炎、任访秋、姚雪垠等（1985年）

彼此间总能坦诚地推心置腹，在诸多学术问题上发生共鸣，而得到情感上的愉悦。

姚伯伯和先父的一生，虽然多在贫困和动荡之中度过，甚至遭到政治风雨的吹打，但他们直到耄耋之年，仍然坚持着自己的信仰，执着于自己的事业，为社会主义的文化建设而鞠躬尽瘁。而姚伯伯在众多作家、学者之中，则是"标举冠群英"的出类拔萃者。他的道德、文章是留给后人的一笔弥足珍贵的精神遗产。

——摘自河南大学知名教授任访秋之子、文化学者任亮直《风雨故人情》

姚老对家乡教育事业的贡献不可估量

姚绍堂　丁心德　白文东

丁心德

邓州是姚雪垠先生的故乡，自20世纪70年代他迁居北京后，家乡来人看望他，他和夫人王梅彩格外亲热，对家乡的事总是问寒问暖，提出要为家乡做点事情。1983年，姚雪垠先生和当时邓县（今邓州市）的前后两任教育局局长姚绍唐和丁心德商定，为鼓励更多学子奋发学习，促进教育质量全面提高，以后每年举行一次全县中小学作文竞赛，每届由他捐助500元作为奖励基金，活动由教育局组织。关于作文奖的名称，姚雪垠先生坚持不以自己的名字命名，他说"有诗句'春风拂面，大地生辉。'我们的作文竞赛也会像春风一样，吹得邓州教育质量全面提高，我看就命名为'春风学生作文奖'吧！"为了使学生受到更直接的激励，扩大作文奖的影响，征得姚老的同意，从第四届开始就更名为"姚雪垠作文奖"。

姚老对作文奖非常重视，在自己生活条件并不宽裕的情况下，每届他都按时或提前将捐资的500元寄到教育局。1985年，为将作文奖长期办下去，他又将邓州城里的祖产房退赔款4200元捐给教育局，作为作文奖基金。另外，姚老还

姚雪垠回到家乡母校，与校领导合影留念
（1985年）

审阅一些获奖作文，看到孩子们的作文写得这么好，非常高兴，亲自写评语，并向报刊推荐。比如，对第一届获奖学生王俊明写的《家乡的回忆》，他读得津津有味，说："读着这篇文章，我好像回到了家乡，回到了我童年时代。"并且写下评语："这是一篇拔尖的中学生作文，写出了家乡的可爱，充满了感情，表现了童年的农村生活，天真情趣，而且文笔细腻，结构完整，层次分明。"后来这篇作文被多家报刊登载。

现在，家乡人一提到姚雪垠先生为家乡设立的这一奖项，都会说姚老对家乡的教育事业的贡献不可估量。

——摘自姚绍唐、丁心德、白文东《殷殷赤子心　眷眷桑梓情》

姚老有三不怕

许建辉

　　有幸在姚老身边工作几年，对他的了解相对深广，感觉他品格中至少还有3个特点鲜为人知。

　　一是不怕死。1930年夏天，姚老因为参加学潮在河南大学预科学生宿舍被捕，他抱定必死决心，起解时弯腰扒下脚上的鞋子放在门口喊道："谁能穿谁就穿去吧，我用不着了！"走出学校不远，路过一处空旷地，又向押解他的大兵要求："别走了，就在这儿收拾了吧！"走到鼓楼时看到朝霞飘飞，他居然还能文思神来："如果此生还有机会写小说，第一句就从这里开始：霞光照在鼓楼上……"其从容镇定若此，直令"死神"咋舌。几十年里九死一生，一次次战胜死神的，都是这种大无畏的英雄气概。

　　二是不怕官。战争年代在第五战区他不怕国民党的官，新中国成立后他更不怕共产党的官。原国家计委主任袁宝华说过，某次大会后要合影，与会者都是很有声望的老作家，被要求提前列队等候领导出场。作家等候好一会儿，不见领导接见，姚老不买账，径自拂袖而去。他没有"官本位"意识，更没有当官欲望，一辈子只想凭自己的专业特长服务人民，他是真正的"无欲则刚"。1951年坚决辞去上海大夏大学的副教务长、文学院代院长职务，80年代又坚决辞去湖北省文联主席职务，这都是为了专心搞创作，都证明他从来没把"当官"看得比做学问高尚。

三是不妒忌人。姚老常说，我们这么大一个国家，这么悠久的历史，该写的事情太多，相比之下作家太少。为了帮助文学青年尽快成长，他一向"好为人师"，把自己创作中的成功经验、失败教训，都毫无保留地与人共享。有了新的选题、好的构思，总是口无遮拦见人就说，一点儿"知识产权保护"意识都没有。有人提醒时他还不以为然，说各人有各人的艺术感觉、艺术修养，同样的题材，10个人写出来会有10个样。互相启发、互相学习，大家都写好了，真正的百花齐放局面就来了。他赞扬刘斯奋"很有知识，字也写得好"；他认为"柯岩同志在我国当代文学战线上是一位思想

病中的姚雪垠与助手许建辉（1997年）

性强、颇有才华的多
面手女作家"，在《柯
岩文集》出版之际
"欣然命笔题词祝
贺"。他不轻易赞扬别
人，但他的赞扬绝对
真诚。他说："我最反
对这样一种说法：某
人捧你你就倒不了，
某人骂你你就倒了。
一个作家不是靠别人
捧。皇帝捧了的作家
未必能站起来。真正
的作家、科学家不能

许建辉著《姚雪垠传》

过分看重这些身外事。我不嫉妒人。中国这么大的国家，
有一千个杰出的作家也不为多。"

——中国现代文学馆研究馆员、姚雪垠生前助手
许建辉《点点滴滴忆姚老》

雪垠，是我最好的诤友

许建辉

1995年5月21日，姚老驱车去看望几十年的老朋友臧克

姚雪垠与臧克家夫妇（1995年）

家，那是位于东城区赵堂子胡同的一个小四合院，院里草木葳蕤，花繁叶茂，生机盎然。两位文化老人就在这一片生机中促膝而坐，彼此笑吟吟地对视着。臧老一身铁灰色中山装，一双黑面千层底布鞋，抑制不住的笑容写在清瘦的脸上，通体朴实得宛如刚从山野荷锄归来的老农。姚老则腰板挺直，西装革履，一条紫红色领带再加一根竹木手杖，使他看起来就像是归国华侨刚走下飞机。话题圈定在往事回忆中，不知不觉时近中午。主人留饭，客人坚辞；客人请主人留步，主人执意送出大门，执意帮着叫了出租车。坐上车的姚老则把头探出窗外，拼命地挥手再挥手，直到出了胡同他才回过身来，意味深长地对我说："朋友间的吹吹拍拍是最无聊的，我向来不屑为之。我和克家是真正的朋友，我们是净友，是净友啊。"

在归途中，姚老还告诉我，自从1975年年底定居北京以后，他一直深居简出，主动登门拜访的老朋友只有为数不多的几个。除了茅盾先生，70年代末80年代初他看过叶圣陶、夏衍、沈从文，看过艾青、朱光潜和吴组缃；90年代初看过端木蕻良，看过曹靖华、曹禺、丁玲等。他并不讳言，自己交游不多，"曲高和寡"，甚至十分得意于由此得到的"独立大队"。"这四个字好！"姚老说，"这是丁玲送给我的，是知人之言。我这个人，从年轻时候起特立独行，崇尚个人奋

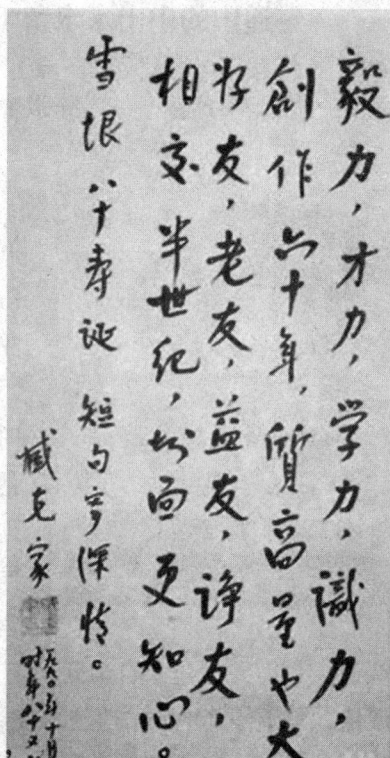

臧克家为姚雪垠80寿诞题词

斗，所不肯把时间花在你来我往上。但只要认定是朋友，那就必须真诚相待，决不搞无原则的拉拉扯扯、一团和气——实际是一团糟。"

——摘自中国现代文学馆研究馆员、姚雪垠助手
许建辉《姚雪垠传》

通山的山山水水留下了姚老的足迹

陈敬初

"为写英雄悲壮史，三年五拜闯王坟。"这是姚雪垠先生在通山的真实写照。1983年5月16日，也是在他快要写到李自成的悲壮殉难章节时，为着一个多年的心愿，他第一次来到通山。他说，他怀着尊敬，也怀着深深的同情和惋惜而来，需要对九宫山下的地理环境有清楚的认识，也需要通过亲自访问来丰富艺术构思。故而，他不知疲倦，马不停蹄地凭吊遗迹，搜寻文物，考察地方文献，走访村翁老叟，和干部群众座谈……

自认壮心未衰的姚雪垠先生深感不虚此行，其所思所得均在散文《九宫山麓吊李自成墓》中有详尽描述。他写道："我何尝愿意李自成死在九宫山北麓的牛迹岭？但是历史的重大关节处，我不能不尊重史实而排斥主观愿望。"通山有众多的地方文献、实物、民间的口头相传作证，李自成牺牲于此，确凿无疑。同时，他为确认李自成殉难时间为1645年5月26日，从而澄清了多年迷惑感到由衷的高兴。1983年5月18日，他为全县干部做了题为《李自成为什么失败》的专题演讲，演讲持续3个多小时。他说："历史是一部百科全

姚雪垠在九宫山考察（1985年）

书，也是一面镜子。我们各级领导干部，应认真汲取农民起义军因腐败而败亡的教训，要引以为戒，不要重犯胜利时骄傲的错误。"事过20多年，姚老的精辟演说，仍是通山县委对领导干部进行廉政教育的生动教材。

此后，姚老于1985年11月和1986年秋，分别为出席湖北省首届李自成归宿问题学术研讨会和通山县文联成立大会两次来到通山。有一阵子，他就住在凤池山宾馆，潜心巨著《李自成》的创作。时间一长，姚老与通山的感情更深厚了，以至于不少普通百姓也都熟识了满头白发、剑眉如弓的长者姚老。其时，中共中央政治局常委胡启立视察九宫山，下山时原先没有安排在县城停歇，当听说姚老在此，特地前去拜望，姚老没提半点个人要求，却说："通山是个贫困山区，要保护和建设好李自成墓，还请党中央给予关心和支持。"胡启立当场答复，回京后给有关部门打招呼。姚老下

在通山举行的《李自成》学术讨论会（1985年）

山后也给中央有关部门写了信。1988年1月，国家文物部门把通山李自成墓列为国家文物保护单位。李自成墓的保护和建设之所以有今天，姚老功不可没。

姚老既是现当代文学星空中一颗耀眼的明星，同时又是一位严谨博学的明清史学家。在关于李自成结局的纷纭争论中，他坚定不移地坚持和支持"通山说"，这既是他从史学角度以翔实的史料、缜密的分析、精辟的论证得出的科学结论，又是其一以贯之认真负责的精神和坚定意志的体现。姚老作为一个作家和学者应有的良知和风范，尤其令人钦佩。

——摘自湖北省通山县政协原主席陈敬初《秋色九宫自长歌》

姚老亲切会见获作文奖学生

杨德堂　杨存德　常振会

1985 年 9 月 30 日至 10
月 5 日，著名作家姚雪垠偕
夫人王梅彩回到了阔别 38
年 的 故 乡 邓 县（今 邓 州
市）。在县委常委、宣传部
部长司荣辉，宣传部副部
长、文联主席周学忠的陪
同下，姚老参观了邓县一
高中和城关一小，并分别
题了词；接见了"春风作
文奖"（第四届起改名为
"姚雪垠作文奖"）的获奖

杨德堂

学生，并合影留念；在县体育场接见城区中小学生；在人民
剧院为干部职工作长篇报告；在县政府招待所接见文学爱好
者；他还回到家乡姚营看望乡亲；到白牛谷社为辛亥革命先
驱、他的岳丈王庚先扫墓……姚老此次返乡，时间虽短、行
色匆匆，但他心系桑梓、关心教育、培育文学新人的拳拳赤
子之心，一直被家乡人民传为美谈。

　　10 月 4 日上午，姚老不顾几天的奔波劳累，首先会见了
"春风作文奖"的获奖学生。得知姚老接见的消息，数十名
获奖学生齐集在县政府招待所的会议室里等待姚老的会见。
7 点 20 分，满头银发、西装革履的姚老迈着矫健的步子，微笑着走进会议室，大家立即起身，热烈鼓掌。姚老绕场一周，与大家一一握手。还关切地问他们几岁了，在哪儿上学，成绩怎么样。他诙谐地称那些获奖同学就像田里的庄稼苗子，虽然突破了芽苞露出地面，但还需要阳光、雨露和肥料。他用自己走上文坛的曲折道路，教育大家要准备吃苦，准备走弯路。他说自己少年时期就非常爱好国文，对文言文尤其有深厚的兴趣，他的第一篇文言散文《洛阳雪景》得到了老师的赞赏。他现在取得的文学成就，与那时的爱好是分不开的。他鼓励同学们要有雄心壮志，要立志成才，希望大家在练习写作之余，注意再练练书法、绘画等，因为多种爱好对提高写作水平都是有帮助的。姚老衷心祝愿大家身体、知识同步增长，做一个有用人才。讲话结束，同学们报以热烈的掌声，簇拥着姚老来到院内假山前，姚老微笑着和大家合影留念。姚老亲切的会见，给同学们以极大的鼓舞，都说姚老的讲话像春风萦绕在心田。参加会见的中学生马征写的

姚雪垠回到家乡，受到万名中小学生欢迎（1985年）

姚雪垠和获作文奖的中小学生合影留念（1985年）

《光荣的会见》被《作文周刊》发表，反映了同学们的共同心声。

姚老回邓州，转眼已经过去30多年了。30多年来，家

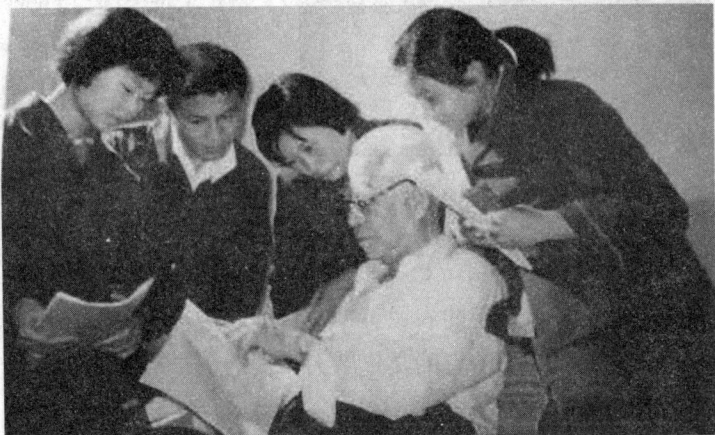

姚老指导学生写作文

乡人常常谈起他那次不平凡的行程,许多人说:邓州文风昌盛与姚老分不开,邓州人民为有这样一位优秀的儿子引以为荣。

——摘自杨德堂、杨存德、常振会《忆姚老回邓州》

雪白,是纯洁,是神圣,是肃穆

高有鹏

那时节,我们最感动的是姚雪垠先生在逆境中写出了震撼时代的长篇历史小说,和他激励和鞭策自己的3个座右铭。他因为写小说而上书毛泽东,这使得中国文学有了更为特殊的意味。我们把姚雪垠先生与中国历史上的李自成联系在一起,是他写活了李自成,写活了一个非常特殊的历史人物。李自成是一个了不起的农民英雄,代表着中国农民的反抗性格;历史上那些统治者的文化鹰犬们恨透了造反的农民,称李自成"闯贼",今天,同样有一批鄙视农民的家伙们辱骂农民英雄李自成。感谢姚雪垠先生把李自成的形象进行了文化还原，为历史上的农民说出了公道话——如果不是这样，我们应该如何理解"吃他娘，穿他娘，开开门来迎闯王，闯王来了不纳粮"这样的歌谣呢？李自成的后期成为一个大悲剧，原因是非常复杂的；姚雪垠先生写完了《李自成》，写出了这个历史大悲剧，是对中国文化的大贡献。姚先生也因此成为当代长篇历史小说的一代宗师，一个文化巨匠。但我们今天有些人是愧对姚雪垠先生的，我们许多人没有读完他的巨著，对姚雪垠先生和他的历史小说表现出隔膜、冷漠，甚至中伤与诋毁。这与民族文化复兴的热潮是不相匹配的。这是因为一些人的无知！这绝不是我们的光荣。

重新认识姚雪垠先生和他的历史文学巨著《李自成》，有许多问题值得我们深思。或许，今天我们继续说文学是神圣的可能有点迂阔，但我们绝对不应该仅仅把文学作为什么文化产业，把一切场所都当作市场。你可以赞同笑贫不笑娼，但你不能否认文学应该是神圣的，像欧阳修先生那样焚香读易，永远值得我们尊重和敬重。

记得是1981年的春天，我们接到老师通知，说著名作家姚雪垠先生来讲学。同学们从寝室楼8号楼走出来，自觉排列成队，来到大礼堂。那时候，我们知道姚雪垠先生，是把他当作文化英雄敬重的。大礼堂涌满了鲜花和掌声，姚雪垠先生走上讲台，开口说自己是回到母校，是向母校汇报。

在我们眼前，最醒目的标志，就是姚先生雪白的头发！雪白，意味着纯洁，意味着沧桑和坚不可摧的意志。

姚先生讲得非常激动。他讲了自己在河南大学求学时期

上图：姚雪垠离开河南大学半个多世纪后重返母校，受到师生们
　　　的盛情欢迎
下图：姚雪垠给师生讲演

的生活，讲到自己如何走上文学道路，尤其讲到自己少年时代被土匪抓走的特殊经历成为他后来创作《长夜》和《李自成》的重要机缘，使我们明白一切都不是无缘无故的道理。20世纪30年代的开封，风雨如磐，给了年轻的姚雪垠难忘的洗练。他深情讲起自己困窘的往事，讲自己如何为了真理的追求，拒绝了法政学堂的机会而选择了清贫的文学；每天早晨来到北道门，在一家汤锅前一次只买两个丸子，就为了多喝几碗汤充饥。他讲了自己初试文学锋芒的喜悦，讲了自己走进革命这一火热生活的激动，讲起自己和朋友们一起创办《风雨》周刊的峥嵘岁月，讲起了自己的爱情。我们忘却了这是聆听，似乎与姚先生一起奔走在开封的大街小巷，和他一起在夜色中张贴标语，呼唤着黎明。姚先生是性情中人，每每讲得自己热泪盈眶。没有金戈铁马入梦来的豪情，有的只是一个文学青年在动荡的日子中火热的向往；年轻的姚雪垠先生热烈拥抱着时代，把自己的一切都交付给了民族的独立自由与解放事业，他思索着中国革命、中国社会与中国历史，对李自成这个特殊的农民英雄与中国共产党的联系进行不断深入的思索。他说，中国古代历史的主线与农民有着割舍不开的联系，在起义者的身上充注着农民的血泪与肝胆，理解了中国农民的性格与命运，才能真正懂得中国社会发展的历史。姚先生讲到自己写《李自成》的过程，讲到自己的人生经历与文学追求过程，讲到自己研究明代社会历史的过程，对开封历史、地理文化的研究与李岩人物的历史考察问题，讲到李自成没有扒开黄河淹没开封的历史真相，讲到自己在上海大夏大学教书，讲到自己回到家乡后的坎坷，讲到自己曾经调查豫北工厂为创作工业题材做准备的曲折，讲到

在纪念姚雪垠百年诞辰之际，高有鹏在邓州市作"《李自成》与中国文化"学术报告（2010年）

自己创作完成《李自成》之后考虑《天京悲剧》，写太平天国起义的设想。老人的河南话非常浓郁，令人备感亲切；直到很久，我们把手都拍麻了。

演讲结束之后，我们中文系的老师和同学代表更近距离地面对姚雪垠先生，在10号楼举行了一个小型座谈会。姚先生回答了大家提出的问题，一再强调长篇历史小说是特殊的学问，要深入研究历史文化，要深入体验生活，要下更大的功夫。

——摘自原河南大学教授、作家高有鹏《姚雪垠先生雪白的头发》

认识姚雪垠，读懂姚雪垠，我差之甚远

金聚泰

姚雪垠是我国现当代文学史上少有的大家之一。他以皇皇300万言的历史长篇巨著《李自成》而享誉文坛，至今犹为人所不及。现在，人们之所以能记住他、认识他并折服于他，对70岁以下的读者而言，也多是从《李自成》开始的。但实际上他对我国文学事业的贡献，远不止此。只不过我们这些后生之人，除了专门的研究者之外，所知不多罢了。即以我为例，20世纪八九十年代，我因工作关系曾多次到京造访过他，自认为较之一般读者，对他算是了解得比较多的一个人。直到最近，我应其子姚海天之邀，协助他在开封办一个"姚雪垠文学生涯70年图片展"，这才知道，我以前对他所谓的了解，实在是太过皮毛了！充其量也就是一部《李自成》而已。而且即便是《李自成》，我也并未全部看完，仅只是看了其中的一部分。但这并不等于说我不喜欢，而是它的写作过程太过漫长——整整用了42年，几乎等于跨越了两代人。如此漫长的等待，如果没有足够的耐心，是很难与它"重续前缘"的。于今想来，幸亏上天假以天年，若是他像曹公雪芹那样"短

雪垠中学成立时，雕塑家曹俊亮与姚海天在姚雪垠塑像前合影（2017年）

寿"，能不能在其有生之年"终卷"，恐怕都是个问题，更别说我们能有机会读它了。

姚雪垠写作《李自成》真称得上是一场文学的"马拉松"，它比起曹雪芹诗句中的"字字看来皆是血，十年辛苦不寻常"中的那个"不寻常"还要"不寻常"。曹雪芹写出一部作品用了10年，而他写出一部作品比曹雪芹多用了32年；曹雪芹为自己的作品"泪尽而逝"，而他也为自己的作品苦撑到生命的终点；曹雪芹为《红楼梦》洒下了"一把辛酸泪"，他为写作《李自成》所经历过的酸甜苦辣，若细细道来，比曹雪芹洒下的那一把"辛酸泪"还要令人心酸！

所幸，海天兄在开封办展，给了我一个全面了解老人的机会。虽然如此，我也只能说仅知道了一个大概，离完全、深刻、准确地了解姚雪垠、认识姚雪垠、读懂姚雪垠，仍差之甚远。因为，纵观他近九十年的人生履历，实在是一个太复杂、太曲折、太宏富、同时也太让人眼花缭乱的"长篇"，绝非一篇区区文章所可以道尽的。

——摘自《汴梁晚报》原副总编辑、诗人金聚泰《重读姚雪垠》

姚雪垠的风骨精神

金聚泰

1982年，《李自成》第一卷在日本出版，译名《叛旗》。出版前夕，负责出版此书的日本老牌出版社——讲谈社为了给译书增色，扩大影响，希望姚雪垠用漂亮的毛笔字在书前给读者写几句话。这本在情理之中，但恰逢这时日本出现了公然否定"南京大屠杀"的教科书事件，姚雪垠十分愤慨，婉拒了出版社的要求。他的儿子姚海天对此不解，认为这是两码事。姚雪垠说："我亲历了八年抗战，在前方呆了5年，目睹了日本侵略者对中国人民犯下的罪行，这时候如果题字，我怎么面对南京大屠杀死去的30万同袍的英魂！"

还有一件事，也可以看出姚雪垠的风骨精神。1984年年，他的小说《长夜》被旅法翻译家李治华在法国翻译出版，受到读者好评，一时洛阳纸贵。同年10月，他应法方邀请，前去参加马赛市举行的玫瑰节和世界名作家会议，食宿由出版社负责解决。他先期抵达巴黎，发现出版方为了省钱，给他安排了一个条件简陋的小旅馆，且安排的房间狭小，卫生间也不像样。姚雪垠进去后的第一感觉，就像他是来出版社投稿的"乡下人""外省人",而不是应邀来的中国作家。这事如果发生在北京,他是不会计较的,但是一踏出国门就不同了。他认为,他盛情受邀来这里,他的一切都和祖国连在一起。他首先是一个中国客人,然后才是"姚雪垠"。因此,他不肯通融。所幸,法方的马赛市市长夫人德菲尔夫人也是一位作家,认为出版社做法确实不妥,马上给他换了一家高档旅馆,并告诉她的马赛市市长丈夫,差价由她来补。这虽是一件小事,也可看出姚雪垠事关中国作家和国家荣誉问题上的风骨和气节。

姚雪垠此次出访,大获成功。在会议中安排一次世界名作家签名售书活动,在姚雪垠的桌子面前,法国高官要员和普通读者一样排着长队请他在书上用毛笔签名,盖上红印章。因书准备不足,中途告罄,主办方只好采取先签名后供书的应急办法解决。玫瑰节尚未闭幕,法国国土整治设计部

姚雪垠率中国作家代表团第二次访问日本时,姚雪垠(左四)与《李自成》第一卷日文版译者陈舜臣(左五)、陈谦臣(右一)合影(1991年)

部长兼马赛市市长德菲尔先生，在市政大厅举行授勋仪式，向姚雪垠颁发马赛市纪念勋章。在出席玫瑰节和世界名作家会议的70多位作家中，这个勋章仅授予了姚雪垠——中国作家一个人。德菲尔先生告诉他，这个纪念勋章，只授予访问马赛的外国元首和有贡献的国际文化名人。

姚雪垠这次访法，上自法国总统、马赛市长，下自《长夜》的普通读者，都为姚雪垠的书、书法、印章、学识、气质和风度所折服，姚雪垠为中国文学扩大了在法国的影响，为国家赢得了声誉。马赛市市长不仅授予他马赛纪念勋章，还希望为增进法中友谊和文化交流，通过他的作家夫人德菲尔夫人向姚雪垠提出：希望他能出任中国驻马赛领事馆的领事。姚雪垠婉谢说："我只是作家，不是外交家，我相信我国外交部会派出优秀的驻马赛领事。"

11月6日，法国总统密特朗致信姚雪垠，祝贺《长夜》

姚雪垠与法国女作家德菲尔夫人在马赛（1985年）

在法国获得成功，对赠送他签名本《长夜》和书写的"政治树高勋，文章名作家"条幅（密特朗总统也是法国著名作家——编者注），致以衷心敬意。11月8日，姚雪垠载誉回国，应邀出席了总统夫人11日访问中国设的宴会。

——摘自《汴梁晚报》原副总编辑、诗人金聚泰《重读姚雪垠》

姚雪垠老师引导我们
如何做一个正直、无私、品德高尚的人

刘光杰

恩师姚雪垠先生的炯炯目光，激情言谈，仍然时常萦绕在我的脑际。当时化名"冬白"的姚老师，对我和同学们政治思想上的启蒙、革命斗争的指引以及为人处世的言传身教，仍常常清晰地展现在我的眼前。

我本是一个先失学后失业的苦孩子。经过自学和旁听，为了就业糊口，由胞兄资助，1948年，只身由青岛到上海浦东高行农校应试，插班二年级学习。当时的高行农校，只是一幢孤楼，楼前是操场，没有围墙，操场边是坟地。为谋生计，我入学后勤学苦读。放学后，我仍坐在小坟头上学习。那时我们对外边形势漠不关心。看到的是市区的灯红酒绿，歌舞升平，听到的是反动宣传，警车吼叫。教国文的姚雪垠老师当时还很年轻，只有三十多岁。他听说我是河南同乡，就多次找我谈话，告诉我学习要劳逸结合，要关心国家大事

和当前局势；切勿听信"上海是国际城市，共军打上海，就要发生第三次世界大战"等屁话；有困难，可以找他。姚老师亲切的关怀，使我感到十分温暖，就经常在晚上到他屋里聆听他的教诲。姚老师住在镇中街北面东头的两间房子，里间为卧室，外间为书房。思想进步的同学，都是他的住室的常客。老师无学者架子，他的床上，可坐可躺，书籍可翻可阅，只求放回原处。凡有所问，他都耐心解惑释疑。我问：大街上有人沿街高呼："世界末日到了！天国近了！"什么意思？他幽默地说："就是半封建半殖民地旧中国末日到了！天堂般的新社会离中国近了！"他告诉我们淮海战役中我军取得巨大胜利。解放军渡江和解放京、沪，指日可待。他室内墙上有张地图，他用大头针做成小红旗，解放军打到哪里，他就插到哪里。我们看到国统区越来越小，都十分高兴。老师藏有革命书籍，在进步同学中秘密传阅。我看的有赵树理写的小说《李家庄的变迁》，毛主席的《新民主主义论》等。在他那里我首次听到许多新名词、新知识。如"马列主义""社会主义阵营""东欧民主国家"

晚年姚雪垠（1995年）

以及"阶级剥削、阶级斗争",如何提防国民党、三青团特务的迫害等。我仿佛困在一间黑暗的房中,忽然,一面墙打开了一个很大的窗口,看到了一个崭新的世界。当时的高行农校,有地下党员和进步教师,为迎接解放,都做了不少工作。但是,在白色恐怖条件下,置生死于不顾,对学生进行大量的深刻的政治思想教育的,仍属姚雪垠老师。

4月初,姚老师应邀到高桥中学作了《关于反对专制,争取民主》的演讲,痛斥国民党反动政府专制独裁、横征暴敛,致使通货膨胀、民不聊生。讲到激情处,顿足挥拳;讲到悲愤时,泪流满面,在听众中引起了强烈的反响。

5月,上海解放了。我和几个同学报考华东军政大学,姚老师请学校领导给我们写了"保送信"。通过考试、体检,皆被录取。名单登在上海《解放日报》上。1949年7月15日,姚老师亲自送我们入学。10月,姚老师到大夏大学任教,来信要我们刻苦学习、认真锻炼,成为合格的军政干部。

——摘自三门峡市原文化局局长刘光杰《忆上海解放前后在高行农校的姚雪垠老师》

姚老师积极投身地下活动,迎接上海解放

余 敏

1948年初,我就读于上海高行农业学校,当时我们的班

主任是姚雪垠先生，讲授国文课，我们全班同学对先生渊博的学识、深入浅出的讲授方法，无不敬佩不已。当先生讲到激动时，声音洪亮，绘声绘色，他那炯炯有神的目光把学生的心都吸引住了，极富感染力，非常生动。教室里鸦雀无声，同学们都很热爱先生。听先生讲课是种美的享受，他把人们带入了高尚的思想境界。

当他讲到杜甫诗词《茅屋为秋风所破歌》时，告诉我们，山那边有个好地方（解放区），没有剥削，没有压迫，人人平等，过着丰衣足食的幸福生活。他对我们进行了革命的启蒙教育。

先生以他崇高的人格魅力，不但为我们授业、解惑，同时还引导我们如何做一个正直、无私、品德高尚的人。这一切都使他深受农校师生们的赞誉和尊重。

新中国成立前的上海浦东农校，今日为上海高行中学，校牌为姚雪垠题写

上图：上海解放前夕人民群众反内战大游行

中图：上海民众疯狂抢购

下图：国民党疯狂屠杀地下党员和进步人士

高行农校位居上海浦东，在偏僻的农村。校长周增英是民主人士，老师石小平（当时化名方志高）是中共地下党员，还有很多进步老师如诗人臧克家的女儿臧瑞珠等，校风较为开放民主。当时徐慧君是学生会主席，刘光杰是学习委员，我是文娱委员。姚先生白天授课，晚上在家中写作。我们常去先生家中，先生非常热情，亲如家人。他常给我们讲革命形势的发展，如何迎接上海解放。他说：这是黎明前的黑暗，曙光就在前面。

记得1948年底，圣诞节到了，学校举行了盛大的文艺演出，先生写了活报剧，内容是"反饥饿，反压迫，要民主，要自由"，还有诗朗诵及歌舞等。排戏搞活动没有钱，先生给了我1块银圆。观看演出的有农校全体师生和当地群众，这是一次革命的宣传活动，同学们都受到了革命的洗礼和熏陶，思想境界得到升华，产生了对革命的向往和热爱。上海解放后，学校有三分之一以上的学生参了军，投身于伟大的革命洪流中。

上海解放前夕，在白色恐怖下，不知先生从哪里弄来的上海地下党组织印发的《告上海市民书》，传单中宣传了解放军在各大战役中取得胜利，国民党兵败如山倒，上海即将解放的大好形势，号召群众护厂护校，保护国家重要设施，严防敌人破坏。同时又印发了《安定上海市民书》。在夜深人静时我们这些要求进步的学生把传单塞进各商店和居民家中，我还将传单塞进了警察局，如此等等。我们在先生的指导下做了大量的迎接上海解放的工作。

在各种革命活动中，我们常在一起开碰头会，主要成员有：姚雪垠先生、石小平、徐慧君、余敏（在校时我的名字

1949年时的姚雪垠

叫赵敏）等人。先生常对我说石小平年轻有为，很有才华。由于我对先生无限崇拜，言听计从，因此对石小平产生了好感。1949年6月，我参加了中国人民解放军三野九兵团政治部文工团，担任演员，石小平在上海警卫司令部军法处工作，经组织同意，我们结了婚（主婚人是军法处刘步洲）。那时，姚雪垠、石小平等人在上海解放前夕从事的地下

姚雪垠（推自行车者）参加上海举行的纪念太平天国革命一百周年游行（1950年）

工作，上海党组织是承认的。

——摘自原陕西省棉纺厂离休干部余敏《怀念恩师姚雪垠》

我与姚雪垠的情怀

王超逸

　　读书人大概都有少年情怀。20世纪80年代，是整整一个民族的少年情怀。

　　当一个人走过了长长的路程，由春到冬，贞下起元，一年光景走遍，四季光景尽览，也许，就心境平和，人也就难免世故。看山看水，再难怦然心动。但是，在其蓦然回首人生的初始，又难免热血喷涌，初心跳动。这或许就是良知。这良知，这初心，每每就与少年情怀相牵。就像家有小女初长成，爹娘在家中的后院小心翼翼地掘开地窖，将埋藏18个冬春的九九女儿红慢慢启开，送给即将远嫁的女儿。一坛老酒，寄托了爹娘多少的叮咛与祝福！

　　终于，有一天，我走近了姚雪垠。

　　那是个浪漫的季节，万物萌发，桃花盛开，蕴藏着说不完的故事。

近四十年后的史家或文学史家，回望20世纪80年代的那个文学启蒙与觉醒的时代，已经冠之以"80年代"的专有名词，已是个文学情怀不再的时代——"那是一个热闹的季节，也是一个风流的季节。"（朱自清语）

云中锦书，少年向其可心的人儿这样絮絮——

……

"我们正处在一个大变革、大重组、大动荡的时代。"

"就像革命导师弗里德里希·恩格斯说的：'这是个需要巨人而且产生巨人的时代'……"（恩格斯《自然辩证法》）

"要做一番英雄事业，就得有一把硬骨头，不怕千辛万苦，不怕千难万险，不怕摔跟头，勇往直前，百折不挠。打

《李自成》第一卷在日本翻译出版。图为出版社和译者分获日本外务省和文部省的贡献奖和文化奖（1981年）

江山不是容易的，并不是别人做好一碗红烧肉放在桌上，等待你坐下去狼吞虎咽。真正英雄，越在困难中越显出是真金炼就的好汉。这号人，在困难中不是低头叹气，而是奋发图强，壮志凌云，气吞山河。能在艰难困厄中闯出一番事业才是真英雄。困难中有真乐趣。我就爱这种乐趣。在安逸中找快乐，那是庸夫的快乐，没出息人的快乐。"（姚雪垠著《李自成》）

......

我不知道国家教育主管部门中，作为一位中学语文教材编写组的捉刀人，是以什么标准和理由，选定姚雪垠创作的长篇历史小说《李自成》之三《紫禁城内外》第十三章的卒章，但是它在当时的一个中学少年的阅读视阈中，小说片段的整体感染力显然是被过滤、提纯、升华了，是与这个民族在特定的20世纪80年代整个

中国现代文学馆设立的姚雪垠书库和书房

《李自成》第三卷出版时留影（1981年）

少年气象基本合拍的。李闯王的这段深夜演讲，伴着星光篝火，伴着虎吼雷鸣马萧萧，确对少年心境有穿透力、渗透力，堪与保尔·柯察金在烈士墓前徘徊时那段经典的独白相媲美。李氏演讲，归根结底说，是小说家的表情述志，它道出了在大变局棋局下世间英雄创业的特点和规律。李氏的英雄史观，也无疑体现了作为作者的史识、史德与史才。真正的大作者，是作家与良史的合二为一，故而，赋予了形象以典型和形而上的普遍意义。这样一种电闪雷鸣中的大词竟能为少年做木桃，被引述在情书中，足见后世史家回望这段历史时定义为"80年代"的特定而深刻的内涵了。

——北京大学当代企业文化研究所主任王超逸
《少年情怀与姚雪垠》

读《李自成》，我的眼前兀然矗立起
一座当代文学史上的丰碑

聂振弢

有一天，又收到一叠书刊，令人惊喜的是其中有一本《李自成》。展书一读，便陶醉其中，夜以继日，爱不释手，像挨过大饥饿之后突然遇上了一顿美餐——何止一顿美餐，简直是从未品尝过的丰盛的山珍海味——内容之丰厚，疆野之开阔，景象之博大，气势之磅礴，既通脱畅达又庄重典雅的文笔，都是此前见所未见、闻所未闻的。特别是语言文字方面，较之《三国演义》的浅文言和《水浒传》《红楼梦》的明清白话都大不相同，是崭新的现代化的文学语言，有着独特鲜明的风格，我的眼前兀然矗立起一座当代文学史上的丰碑。有些细小之处，比如形容"转文"常说的"之乎者也"，而这本书里却写成"之乎者也"，这是宛西私塾先生常出于口的说法，别处是不这么说的。还有一些宛西方言中常用的词语，时见书中，因此，忽然觉得，作者莫不是南阳人？但当时，我根本没听说过"姚雪垠"这个了不起的名字。

改革开放后，我出山从教，1984年来到南阳教育学院，

邓州市举行姚雪垠百年诞辰纪念会后，聂振弢在姚雪垠文学馆展示他书写的《姚公雪垠颂》（2010年）

与王禹老师共同创办了《作文与指导》（后改为《作文指导报》）。1985年，姚老返里期间，为《作文与指导》题写了报头。但机缘不巧，我没有见到姚老。

1987年11月底，我和李玉恒同志一起到北京，受命南阳教育学院和《作文与指导》报，向姚老答谢——真是今生之大幸，终于见到了仰止已久的姚老雪垠先生。姚老和王梅彩老妈妈热情地接待了我们这些来自家乡的晚辈。姚老那一头如雪的银发，一双皓白的剑眉，眉宇之间的英气，聪明睿智的头脑，亲切爽朗的乡音，敏锐健旺的谈锋，特别是光亮如电的炯炯眼神，给我留下了极为深刻、极为独特、极为美好的印象。

1990年4月，《作文与指导》报创刊5年之际，我陪同南阳教育学院党委书记王文献同志再次拜望姚老。姚老写了这样的题词：“愿在已有成绩的基础上，为南阳二百万学生的思想教育和作文程度的提高，做出更大的贡献。”落款是“一九九〇年春题赠南阳作文与指导创刊五周年纪念，八十岁文学老兵姚雪垠”。当时，姚老神采依然，谈锋仍健。心想姚老长寿百年应无问题。然而，在跨入新世纪的前夜，他却鹤驾西行了……

　　——摘自《南阳师范学院学报》原主编、文化学者聂振弢《姚公雪垠颂》

吟咏遗诗　缅怀姚公

——忆与姚雪垠先生一次难忘的晤面

陈松峰

　　在《姚雪垠诗抄》中，我欣喜地发现，在一次拜访中的不少内容都可得以印证。其中有的我原以为姚老仅说说而已，不料，他却把它写成了诗，尤其是那原本是作为笑谈的话题，经他这位大手笔写进他那古朴典雅、韵仄考究的诗作里，读来别有一番

情趣和韵味。

那是1992年1月2日，雪后初霁的北京，异常寒冷，但拜望这位文学大师的热烈愿望，像有一股暖流于周身奔涌，真有"心中好似一把火"的感受，暖融融的。

下午4时许，我如约叩响了姚老的家门，王梅彩老人开开门后，便亲切地泡茶递烟。接着就去姚老的书房说道："老家来人了！"

不到两分钟的光景，姚老走出他的"无止境斋"，来到会客厅，他外套灰色的毛衣，内衬天蓝色的衬衫，精神饱满，神采奕奕，正如叶圣陶先生在他的一幅照片上所题的那样："影中白头犹方状，看炯然双眼，英气眉棱！"

去之前，因我得知今天是姚老从广东参加一个什么会议刚回来的第三天，于是，话题就从这里开始——

"我这次去广东是参加中国当代文学研究年会，我原本不想去，可我是会长，不去不行，必须要去。"姚老说："我从来不愿参加一些不必要的应酬和会议。甚至一些较重要的会议，有时也无暇到会。"

的确如此，他于1988年11月15日曾写了一首《近来》的七律。他在诗的小序中写道："我为专心写《李自成》最后两卷，近数月来不参加任何会议，亦不上街。最近全国文联召开第五次文代会，我虽为湖北省代表团团长，但未出席……大会结束后，写此七律一首。"诗中写道："近来息影养精神，喜坐南窗避路尘。白首犹鸣愧仗马，丹心未丧作诗人……"

姚老对此次南方之行还是较为满意的，也许是那天他的精神和情绪都特好，说起话来侃侃而谈——

姚老先是谈了他与广东一些老作家晤面的情景。他讲，广东的老作家、老画家很多，现在全国老作家较多的地方有北京、上海和广州，他谈到了欧阳山、关山月等人相聚的情景。对此，他在诗中写道："旧雨文坛人渐少，风流怀想意纵横。岭南高照关山月，粤海旗飘宿将营。"

姚老说："这次在广东，广东方面称我是'国宝'！"对此，他在《九一年岁暮南游杂诗》（以下简称《南游杂诗》）组诗中《惭愧》一首中写道："惭愧纷纭称'国宝'，文章学问半征程。平生空有登峰愿，日暮西风吹旅旌。"他还在此诗的注释中记述了称他为"国宝"时的一些情景。并写道："……因有此诗，不免有日暮道远之

姚雪垠署签的作者第一本书《烟史见闻录》

感。"实际上姚老当时在说这句话时，我似乎并未窥其他的"惭愧"之色，只觉他很是兴奋，很是激动！令我也陶醉其中，此间，可能是为了行文方便的缘故，姚老才不得不借用这一谦逊之词而用之！

"这次去广东，广东方面对我非常热情、关照，考虑到我年岁大，还派了一位省委宣传部干部处的女同志来照料我，这位女同志是篮球队员出身，高挑身材，我曾问随我去的女助手，'你看来的这位姑娘漂亮不漂亮？'我的助手也风趣地答道：'漂亮，漂亮，漂亮得都使我都感到受到了威

胁.’"说到这里，已82岁高龄的姚老也为自己的幽默风趣而朗声大笑。我原本以为姚老只是作为笑谈说说而已，可不料他在《南游杂诗》中以《赠郭慧军》（郭即为那位照料姚老的广东省委委宣传干部）为题，还写下了一首七言绝句。诗曰："曾在女篮称强手，秀眉慧目犹青春。愧余腿脚随年老，借臂凭君健美身。"姚老以此诗来表达对郭女士对他热情照料的感激之情。

应当说，姚老既有一个难得的好记性，也有一个不多见的"好忘性"。不过，这也是由于他把全部的身心和注意力都投入到了《李自成》的创作上的缘故。1975年，他自武汉乔迁北京次日后写的第一首诗里写道："任重只愁精力减，扬鞭少看上林花。"就是在此行途中，还写下了"莫言八十年龄老，日暮扬鞭奋晚程"（见《南游杂诗》中《在珠岛宾馆宴请欧阳山、关山月等老友》一首）的自励之句和"岂有才华消磨尽，豪情诗兴动高龄"的自信之言（见《南游杂诗》中《旅梦》一首）。

"这次在广州，有天夜里，我刚躺下，枕边电话铃声突然响起，我想，这么晚了还有谁给我来电话呀？我拿起电话，里边是个女的声音。她说：'我们交个朋友好吧？'我说：'不好哇！'然后就放下了电话。姚老说到这里似乎仍莫明其妙、不可思议地微笑着。"

对于这位经年潜心于《李自成》创作的、"不谙世道"的"无止境斋"主人来说，此似是天方夜谭。于是，这又引起了老人的诗兴，便有七言绝句流出笔端："天台飘渺非怡景，何况刘晨是老僧。夜伴忽闻神女问，淡然一笑心如冰。"（见《南游杂诗》中的《访问中山市》）好一个"刘晨是老僧"，典中有趣，引来更是趣味无穷；而使得"神女"
"心如冰"则更显得诙谐、幽默意味极浓……

——摘自河南省烟草公司干部、散文家陈松峰《明月杂笔》

我第一次见姚老

郭书云

　　南阳，是个出圣人的地方，古代有医圣、科圣、智圣、商圣、谋圣，近、当也有很多拔尖人才。在文学备受践踏、学问最不值钱的时候，南阳依然站立起一位文坛巨匠、学者型作家、现代长篇历史小说的鼻祖——姚雪垠。他以短篇小说《差半车麦秸》成名，以长篇小说
《春暖花开的时候》《长夜》和鸿篇巨制《李自成》享誉海内。南阳因他而更加骄傲。

　　我第一次见姚老，是在1985年秋天，姚老回南阳的时候。他雪白的头发、雪白的眉毛，身着灰色西服，系红领带，蹬深红皮鞋，精神矍铄地走进我们听课的大礼堂。那年他76岁，颇具仙风道骨。

姚雪垠夫妇在南阳武侯祠前（1985年）

　　那天他接受我们的提问，主要解答有关《李自成》的创作问题。

　　记得有同学问姚老："为什么隔过第四卷写第五卷呢?"

　　姚老解释说，为什么先写结局呢?《李自成》第三卷出版后，湖北省邀请姚老回武汉小住，实际上是想让姚老休息一段时间。姚老于1981年10月到武汉，在武汉东湖宾馆安顿下来后，根本没有休息，依然凌晨3点起床，整日埋头在《李自成》的创作之中。从第五卷开始，他先把要写的东西边说边录下来。他给中青社的王维玲先生写信说："我决定在此多住些日子，12月中旬返京，争取将5卷录音完成大半，回京后再费一两个月时间，全部完成，这将是一件大事。第五卷集中写大悲剧，很紧凑，可能有40万字左右。"

姚老写的口述提纲很细致，他把一卷分成若干单元，每个单元又分成若干章，每章又分成若干节，然后把故事的发生发展，人物的活动贯穿其中，所以每节、每章、每个单元都考虑得很周到很具体。提纲不仅包括时间、地点、出场人物、情节故事，而且包括重要的人物对话、人物动作，细节运用，乃至

郭书云编撰的电视文学剧本《姚雪垠》

晴、雨、风、雪、日、夜等时间和景致的描绘，这样的提纲是颇费心思的，是进入角色前的一次重要的酝酿，所以看到他每天凌晨3点按时起床，看着提纲，对着录音机，像讲故事一样录音时，就完全进入小说世界中去了。一个单元录音完毕后，他把录音带交给助手去整理，形成初稿，再由他本人充实修改、加工润色，最后定稿。若对有的录音章节不满意，就推倒重来，或执笔重写，绝不含糊。

姚老解释先写第五卷，是把全书分量最重、最关键，也是最难写而又必须写好的部分先写出来，这是先难后易。他说："你没看过《三国演义》吗？刘、关、张一死小说就差了，没后劲了。这说明刘、关、张在《三国演义》中的重要

性。《李自成》写的是一个大悲剧，把崇祯皇帝之死、李岩之死、李自成之死、高夫人之死写出来，就基本上把最难写的、必须写的都写出来了。余下的是写多写少、写详写略无关大局的问题了。"

姚老的考虑确实不同一般，他是个唯物主义者，尽管当时他身体健康，精神饱满，但毕竟是七十多岁的老人了。先把重点单元写完，回过头来再写一般单元，从战略上考虑这是一个非常有远见的重要举措。后来看，姚老当时的考虑完全正确，实际上完成了这些单元，也就完成了李自成领导的这场农民大革命从高峰跌落深渊，从胜利走向溃败、走向灭亡的全部过程，完成了一部农民革命的悲壮史诗，在文艺的百花园中树起一块完整的艺术丰碑。

早在抗战时期，姚雪垠为战斗在前线的文学青年题词中就说道："文学家应该同时是思想家又是人道主义者，他看得远，看得深，看得正确。他必须有良心，有热情，有正义感。"14年全面抗战，他以笔为枪，5年转战于鄂豫皖战区，写出了200万字的救亡作品，其中《差半车麦秸》《牛全德与胡萝卜》《春暖花开的时候》等都是抗战文坛的佳作名篇

姚老说，他在写《李自成》的过程中，更加深刻地认识到："一个愿意争取较高成就的历史小说家，应具有双重身份：既是小说作家，也是史学家。我喜欢用史学家的治学态度和方法，围绕着要写的历史题材，广泛地收集资料，认真研究当时的风俗人情、典章制度等社会关系和社会生活，面对这种种知识，来不得半点虚伪和骄傲的！"

他说："历史小说，是历史科学与小说艺术的完美统一。""在写历史小说这一课题上，不敢偷巧省力，人云亦

云。更不敢望文生义，以主观代替客观。"

多少年过去了，老人家的洒脱、卓识、诙谐给我留下了美好的印象。

——摘自南阳女作家郭书云《走出南阳盆地的文坛巨子》

忘不了那一天

吕　琦

忘不了1990年的春夏之交，姚老出于对档案工作的信任，对家乡人民的厚爱，在夫人王梅彩及儿子姚海天、儿媳王琪夫妇等家人的支持下，决定把他60余年创作生涯中积累的大量手稿48卷，一万多页，还有全国21个省、市、自治区出版的《李自成》版本及书信、录音、录像带和获得的中外文学奖章、证书等584件/册等资料捐给家乡档案馆。这些文学资料弥足珍贵，一一印证了半个多世纪文学生涯的艰辛、心血和智慧。其中最珍贵的当属享誉中外的鸿篇巨制《李自成》第一、二、三卷手稿，它已成为我们档案馆的镇馆

吕琦、许建辉等主编的《姚雪垠文学创作70年》画册

之宝。

我们档案馆的同志陪同市长、市委宣传部长等一行专程来到北京，在中直机关会议室隆重地举行了姚雪垠先生捐赠手稿仪式。6月2日下午，姚老身着西装，红光满面，在夫人王梅彩及海天、王琪夫妇的陪同下，早早来到了会场。邓力群、白介夫、袁宝华、王国权、宋一平、阮章竞、冯子直、韩作黎、刘白羽、孟伟哉等著名作家、学者及文化部、中国作协等各级领导及新闻媒体等数十人相继前来参加了捐赠会。在捐赠仪式上，国家、省、市档案局的主要领导作了讲话，姚雪垠先生宣读了亲笔书写的捐赠书。许多专家学者争先恐后发言，都对姚老向家乡档案部门捐赠珍贵的资料给予高度的评价，也为这批珍贵的资料有了理想的归宿而拍手叫绝。这群老友、挚友、校友、同道相聚有说不完的话，捐赠仪式比预计的时间延长了一个多小时。照相机、摄影机闪个不停。当晚，中央电视台《新闻联播》《晚间新闻》均播放了捐赠仪式的实况；第二天，新华社、《人民日报》《中国青年报》等7家媒体也相继报道了这一消息。在全国产生了较大反响。因为这不仅

是老作家中一次捐赠文学资料之多、之珍贵，而且也是捐赠手稿较早的一位老作家。

忘不了在以后的日子里，1997年春天姚老因劳累过度猝然中风病倒。之后，我经常借出差机会或专程来京看望姚老，和这位慈祥、睿智、可亲、可敬、视事业如生命的老人越来越熟稔起来，并且成了忘年交。在姚老患病期间，我策划和组织编纂了画册《姚雪垠文学创作七十年》，较翔实记录了姚老风雨崎岖而成就辉煌的文学人生。这也是大家送给病中姚老的一份礼物。老人坐在沙发翻阅画册中含笑了，我们感到莫大的欣喜。但是，终因病重不治而于1999年4月29日故去了，一颗文学巨星消逝在天穹。

忘不了1999年5月13日，那是我们为姚老送行的前一天，也是我们最后和姚老诀别的日子。在复兴医院的太平间里，我陪马燕龙先生一起为姚老整容。只见姚老如同熟睡一样，他的嘴半张着，我知道他有许多话还没讲完；他的手微微半握，我知道他还有许多文章没写完；他的腿半伸向外翻着，我知道他的"生前马拉松"还没跑完。想到明天再也见不到姚老了，眼泪忍不住掉下来。我小心翼翼地为姚老洗梳，当我给姚老梳头时，抚着他那满头雪白的放着银光的头发，我久久不愿松手。征得姚老家属的同意，我将他的白发轻轻剪下一绺，这便成了姚老留给我的最珍贵的留念。

——摘自南阳市卧龙区档案馆原副馆长吕琦
《马拉松赛手姚雪垠》

犹向故乡寄深情

姚聚章

禹山脚下，刁河之畔，有一个古老、美丽的乡村——姚营寨。

1985年10月1日，当代著名作家姚雪垠偕夫人王梅彩，婉拒了南阳、邓县（今邓州市）有关领导的陪同，回到了他魂牵梦绕、离别近四十年的故乡——河南省邓县文渠乡姚营村（现邓州市九龙镇姚营村）。

整个姚营寨沸腾了，父老乡亲们自发地从四面八方早早地聚集到村口，迎接这位远方归来的游子。姚雪垠夫妇到村口，坚持步行进村。七十多岁的老人，一头银发，精神矍铄，神采奕奕，他走到父老乡亲们中间，认识的、不认识的，相互打着招呼，相互友好问候。熟悉的村庄，熟悉的乡音，他仿佛又回到了欢乐的童年。

他偕夫人和父老乡亲们一起，漫步刁河边，并蹲下身子，掬一捧刁河水，洗一把脸，老人感叹道，还是家乡的水清、水甜啊！一边和老一辈的同伴们回忆起艰难而有趣的童年；和哥哥们一起在河边割草、玩耍，看到河里游动的小鱼，老人又回忆起和同伴们一起下河摸鱼，一起在田野里烧黄豆吃……回忆60余年前的童年趣事。老人记忆犹新，如数家珍，超强记忆力令人惊叹。

回到姚家老宅，看到破旧的老屋，他和同龄人又回忆起60多年前的往事。姚雪垠8岁时，土匪攻打姚营寨，放火烧掉了姚家三进院的十余间房屋，只剩下3间房子，一家人只好迁居县城。一别老宅60余载，面对历经风雨的老宅，老人很高兴，他对乡亲们精心呵护老宅的举动表示由衷的感谢。

时近中午，老人坚决谢绝有关领导的好意，坚持在家里吃家常饭——芝麻叶面条。吃过午饭，老人顾不上休息，和当时任姚营村支部书记的我谈起了姚营村的变化及以后发展前景，他关心家乡的发展，牵挂着乡亲们的生活。他挥笔在我的工作日记上写下："在工作中不忘读书，追求真理。"这个日记本至今我还珍藏着。这句话为我指明了人生方向，让我终身受益无穷。正是他的指引，我坚持在工作之余多读书，勤

姚雪垠夫妇又来到久别的故乡的刁河边（1985年）

姚营寨村一隅

学习，在政府的关心、关怀下，我从一名村支部书记，成为一名正规国家干部，实现了他美好的愿望和对我的殷切期望。

在和父老乡亲及学校师生座谈时，他挥笔为姚营学校题词："办好教育，培养新苗，为姚营村种植希望之花，为国家发展栋梁之材。"几十年来，姚营教育人兢兢业业，呕心沥血，按照老人的美好凤愿，一代接着一代干，立足岗位做贡献。一批又一批姚营学子走出邓州，走向全国，在各个行业建功立业，成为国家的有用之才。

老人虽然离开了我们，但他的精神永在。崇厚仁德，瑞雪无垠，磊落平生无限爱，犹向故里寄深情——"文坛巨匠"姚雪垠，邓州九龙人的骄傲！

——本文作者系姚营寨村原党支部书记

雪垠中学挂牌成立之际

姚 瑞 袁有平

姚瑞

我出生于 20 世纪 90 年代，与姚老同村同祖，我应称姚老伯父，与伯父却无缘谋面。小时候，村里的祖辈父辈常给我讲姚老的故事，以及 20 世纪 80 年代姚老回家乡的情景。上中学后，父亲带我去花洲书院参观"姚雪垠文学馆"，看到展室里络绎不绝的人参观，看着人们驻足注目一块块展板和一排排著作等实物，听着他们的啧啧赞叹声，我感到十分自豪和光荣。

教师节前夕，姚老之子姚海天回到家乡，筹备雪垠中学的相关事宜，我非常荣幸地作为教师代表并以姚老晚辈侄女的身份参加了家乡赵中玉书记举办的欢迎晚宴。九龙镇的赵书记诚恳的致辞说出了家乡人民的期盼和姚老精神回家的心声。姚海天大哥深情地说："父亲生前情系家乡，今天他终于实现了愿望，回到家乡与师生朝夕相伴。"

教师节那天，是令人难忘的日子，这一天全校师生集聚一堂，隆重庆祝学校里的一桩大事：雪垠中学挂牌成立，姚老铜像揭幕，雪垠展室开放。我义不容辞地成了雪垠展室的解说员，和参观者一起走进姚老既风雨崎岖又事业辉煌的人生，走进一代文豪的精神世界。

雪垠中学教学楼前的姚雪垠塑像

姚营寨离县城50里，偏远闭塞，姚老出生时家道已经没落。他8岁时土匪攻入寨子，烧掉了姚宅，一家人只好到县城谋生。姚老在18岁那年，在无学上、无业就、无兵当、前途茫茫的情况下，为了寻找出路，来到省城开封，通过半年自学考入河南大学预科，从此开始了新的人生旅途。入学后，他既用功学习，又积极投入反帝反封建的学生运动，后被捕入狱，次年又被学校开除学籍。此后便经常漂泊北平，在贫病交加中通过艰苦自学和写作，开始了文学生涯，成为一名青年作家。卢沟桥事变后，在国难当头时刻，姚老以笔为枪，投身抗战，回到河南参与创办和主编《风雨》周刊，使其成为中原抗日救亡的重要宣传阵地和救亡之士的联络中心。之后，他又奔赴鄂豫皖战区，深入前方，在抗日烽火中写出了200余万字的救亡作品，其中有小说《差半车麦秸》《牛全德与胡萝卜》《春暖花开的时候》等佳作名篇，成为成就杰出、影响日盛的战地作家。抗战后，姚老又写出了著名的反映20世纪二三十年代河南农村苦难生活的长篇小说《长夜》。新中国成立后，姚老虽然常常身处逆境，但仍以坚定的信念、顽强的意志、高远的目标和不懈的奋斗精神，写出了皇皇巨著《李自成》，被誉为中国现当代长篇历史小说的一座巍峨丰碑。

特别是姚老到了八十高龄之年，依然每天凌晨3点钟起床写作，一天工作十几个小时。为了《李自成》，呕心沥血，四十年如一日。姚老说："我还要像一匹老马，驮着重负，趁着夕阳晚霞，不需鞭打，自愿在艰苦的创作旅途上继续长征。中华民族的新文学需要发展，人民需要文学，我不能放下我的义务。"对于这样一位生命不息，笔耕不辍，为理想奋斗不止的耄耋老人，这样一位享誉中外的大作家的高尚精神，在参观中谁能不为之动容呢？

一只风筝，不管飞多远多高，风筝的这一头永远在故乡。姚老晚年情系家乡的教育事业，为了家乡下一代的健康成长捐出工资，献出城里老宅，设立了"春风作文奖"（后更名"姚雪垠作文奖"），并且亲自指导学生习作，鼓励家乡学子热爱读书，热爱学习，树立远大理想；寄希望他们健康成长，将来成为国家的栋梁之材。

展室最后的"结语"说："雪垠先生的一生，风雨崎岖，在文学路上专注恒久，艰难跋涉，著作等身，享誉中外。观者驻足于雪垠展室，品姚老高风亮节，悟做人之道，承爱国之志，弘扬雪垠精神，树立文化自信，爱国爱家，共筑文化梦想。"

雪垠中学建的雪垠展室

　　全校师生和其他参观者，在参观雪垠展室后，都为姚老的文学成就、生平事迹和品德精神深受感动，深受启迪，深受激励，在参观展室后，都纷纷写下了深刻的观后心得，每天在广播室将这种精神传播在每个师生的心灵间，激励着同学们脚踏实地读书学习，实现求学报国之志。师生们在姚老精神的感召下，自发成立了"雪垠文学社"，每周举行读书分享交流会。同学们在这种人文气息的熏陶下，养成了热爱文学、热爱学习的好风气。我相信同学们将沿着姚老走出来路会走得更远、更广阔，激励他们的是雪垠精神！

　　姚老虽已驾鹤西去，但为家乡、为雪垠中学、为子孙后代留下了丰富的文学遗产，留下了崇高的品德和精神，这些将会永远鼓舞家乡后人承前启后，建设美好家园。

2017年10月于雪垠中学

——本文作者系邓州九龙雪垠中学青年教师

每逢关键时刻三叔给我指路

姚晴林

父亲辈兄弟三人：老大姚冠杰早年过世，老二姚冠乐是我父亲，老三姚冠三（姚雪垠）是我三叔。我这一生几个关键的时刻，都是受三叔的教导才选对了前进的方向，所以我对一句名言深有体会："人生道路是漫长的，但关键处只有几步。"

1948年10月，我在开封高中三年级读书。在淮海战役前夕，我从开封到上海见三叔，他当时为解决住房问题在上海浦东高行镇一个农业学校教书。三叔对我讲了许多共产党救国救民的道理，鼓励我回到解放区参加革命。我听从三叔的劝告，于1949年春回到河南，志愿参加了解放军第四野战军。后来调到人民海军。在部队的几年，对我锻炼很大，终身受益。

1955年5月，我从海军转业，当时可以由组织分配到地方上工作，也可以自谋出路。我拿不定主意，立即写信给三叔，三叔眼光远大、敏锐，他回信分析：土改中家庭成分被划为地主，在当时家庭出身极端重要，我性格开朗，嘴无遮拦，喜欢讲话，言多必失，容易惹出大麻烦，不适合做行政工作；我对理工科喜爱，有点才华，年纪还轻，最好读大学，深造较有前途。在这关键时刻，三叔拨开云雾，使我看清了今后正确的人生道路。我离开部队后立即回到开封三叔家中，刻苦复习高中课程两个月，于1955年7月以第一志愿考入天津大学发电厂电力系统专业，并享受了调干助学金，顺利读完5年学业。

1960年，我从天津大学毕业后到合肥工业大学任教。1970年，"文革"进入高潮，多数大学师生整天陷在大批判"文攻武卫"的漩涡中，"读书无用论"祸殃全国，有些师生甚至将书籍烧掉。我去武汉看望三叔，他当时下放在湖北咸阳羊楼洞一个五七农场劳动，请了几天假回到武汉家中。三叔彻夜与我谈心，谆谆教导我："'读书无用论'只是暂时

姚雪垠夫妇到外地参加活动时夜间仍在工作（1980年）

的，这样大的国家，不读书怎么行呢？岂不亡国吗？我现在在农场中放牛，回到宿舍把被子摞起来，上面放块三合板当桌写《李自成》，若生前不让出版，死后让儿孙交给国家再出版。古今中外不少作家生前穷困潦倒，默默无闻，死后受到重视，才流芳百世。我老了尚且努力工作，你正年轻，切莫浪费青春，应抓紧时间用功读书，不能随波逐流。人家不读书，你读书，将来你对国家有贡献，你自己也会占便宜的。"三叔接着又讲："我放牛时躺在草地上看北京英文周报，农场管教人员吼我：'姚雪垠，你现在还看英文！'我回答：'这是共产党出版的，为啥不能看？'人在逆境中，更要潜心治学，不能消极。"

三叔敏锐的洞察力及孜孜不倦的勤奋精神点明了我，感染了我，给我指明了努力的方向。回到学校后，我不再参与大批判，开始主动找科研项目，查中外文献，发奋读书，干实事，不怕苦。后与哈尔滨阿城继电器厂协作，研制新原理的发电机失磁保护装置，终于获得成功，并应用在丹江口、刘家峡水电站等大型发电机上，并发表了一些论文。党的十一届三中全会后，改革开放的春风吹遍神州大地，重知识的社会风尚重回人间，三叔的预见终于变成了现实。1978年9月，我从助教越级晋升为副教授，1985年晋升为教授，成为知名的电力专家。

——摘自合肥工业大学教授、姚雪垠侄子姚晴林
《怀念三叔对我的教导》

非常坚强的事业心和永不消沉的进取心

姚海天

父亲的性格特点是什么？每个人因接触不同、视角不同、感受不同，会有不同的认识和看法。1984年，父亲应邀去新加坡参加一次文艺活动，短短几天时间，新加坡女记者、作家张曦娜在她发表的访问记中这样写道："要怎样形容姚雪垠呢？自

姚雪垠夫妇相濡以沫近70年（1981年）

信、直率、爽朗、豪气、幽默……都是，但都不足以形容我眼前这位一头银发、神采奕奕、敢说敢言、心思灵敏、反应迅速、毫不矫情做作的作家和学者。"姚雪垠已达74岁高龄，却一点也没有给人垂垂老矣的感觉。他能言善道，谈得深、谈得广，言谈间还透着那么一点点童心未泯的戏谑和诙谐。"

国内一些友人则这样评价："一个真诚、正直的人"，"一个倔强的人"，"一个刀架脖子，宁折不弯的人"，"一个

姚雪垠书写的诗词条幅多体现他创作《李自成》的艰辛、追求和抱负

有独立人格、独立思想，不人云亦云、随波逐流的人"，"一个有正义感、是非感、爱憎分明、刚直不阿、铮铮傲骨的人"，"一个透亮的人，一个一旦认准真理就九牛拉不回的人"，"一个心胸极其广阔，对真理对人民事业执着追求的人"，"姚雪垠先生的精神世界就像广阔无垠的白雪一样，具有冰清玉洁的美好品质"……当然，也有不少人认为父亲是一个"自负、狂妄的人"。

父亲在武汉的故交、东西湖农场的"难友"周勃先生则说得入木三分："他的性格中最重要的一面，也可以说他性格的内核和本质，是他的自信力，一种坚定、永恒的自信力。这种自信力，激励着他面对各种围攻和屈辱，鼓舞着他百折不挠地攀登艺术巅峰，实现自己的追求和抱负。当然，也是这种自信力，使人觉得他自负、傲慢、狂妄，甚至不近人情。"

姚雪垠百年诞辰之际为姚雪垠文学馆塑像揭幕。左为田永清将军（2010年）

父亲则这样解剖自己："我的思想性格中'狂妄'占着很重要的一面，我很少迷信名人，也不迷信名言。对许多文艺问题，喜爱发表不同意见，特别是有独特见解的意见，绝不随声附和、人云亦云，有时也不为权者讳，尊者讳，故常开罪于人，被斥为狂妄。"

父亲在《我的前半生》中写道："假若你向我的老朋友提出这样一个问题：姚雪垠的性格特点是什么？你准会得到各种不同的回答，甚至是毁誉各异。假若问我自己，我会告诉你，我的性格有各种弱点和毛病，但有一个重要的特点，使我在一生中能够屡经挫折而不曾消沉和倒下。我的这个十分重要的性格特点是：非常坚强的事业心和永不消沉的进取心。"

正是由于父亲的这些突出、鲜明的性格，才能使他坚忍不拔地克服种种艰难困境，成就了《李自成》，使自己的文学事业达到了高峰。同时，也正是由于父亲的性格特点，往往招来一些人的误解、猜忌、非议，甚至

姚雪垠王梅彩夫妇祭拜王庚先烈士陵园（1985年）

诋毁和攻击，使他一生中经常"背腹受敌"，不断遭到明枪暗箭。但是现在人们也越发认识到，在党风、世风、学风、文风不正的情况下，父亲的性格和人品、文品、精神世界显得多么难能可贵。有人提出，姚雪垠先生的文学成就需要宣传，但多宣传姚雪垠先生的高贵品格，也许是当前更需要的。这也是在不同场合的纪念会和学术研讨会上，不少人一再谈到父亲的鲜明性格、高尚人格、可贵精神的原因所在。

——摘自中国青年出版社原编审姚海天《怀念父亲和母亲》

"文革"中我陪爷爷过江去借书

姚卉

每隔一段时间，爷爷总会和奶奶商量要去武昌图书馆一趟，爷爷常说的一句话就是："我带上小孙女，假装成去江边散步，这样不容易引起别人的注意。"等到天气好的某一天早晨，爷爷会牵着我的手，走到江边渡口，坐轮从汉口渡到对面武昌。我们沿着武昌城内高高低低的石板小路敲开一户人家的小门，在门口拿完书回头就走，从不敢多停留片刻。回来的路上，爷爷格外高兴，给我讲故事讲诗，还给我买冰棍吃。站在高高的山上看大桥，爷爷说："这是龟山，那是蛇山，武汉长江大桥就是架在龟、蛇两山上的跨江大桥。"当我在武汉一师附小读小学时，去武昌借书、还书的事情就由我来做了。那时候小，好多事情不明白，问爷爷："爷爷，我们借书为什么不去图书馆，而是去别人家里拿书？"爷爷告诉我："我们借的书是我这个身份不能借的，更不敢因为借书连累别人，所以只能托图书馆的朋友把书带回家，我们再去他家取，而且不能让别人知道。"

有时候我傻乎乎地问爷爷："爷爷，这么厚的书，你是怎么写出来的？"

"怎么写出来的，吃荆条屙箩筐——编的呗！"奶奶戏谑地接过话题回答。

这样恬静平淡的日子伴随着我度过了刚到汉口时最初的岁月。不久，"文革"开始了，有段时间武汉武斗很凶。在武斗的那些天，院子里常常有人放枪，也有人被红卫兵抓走。每当他们来抄家、抓人时，奶奶总是把所有的灯都关掉，站到凉台望风。而我则钻到爷爷怀里，惊恐地问爷爷："爷爷，爷爷，他们会来咱家吗？"爷爷把我搂得更紧了，然后小声地喊奶奶："梅彩，小心子弹！"那段日子真是家家户户担惊害怕，人人自危，不知啥时候灾难临头，倒霉遭殃。

动荡不安的日子没过多久，爷爷便去了五七干校。听回来探亲的人说，爷爷在五七干校的生活很苦，每天要参加繁

《李自成》第一卷手稿本

重的体力劳动，但爷爷仍然坚持每天看书写作。终于有一天有人捎来口信，说爷爷在干校想孙女，让奶奶带着我去探望。这是一件多么让人兴奋的事啊，我和奶奶忙活了几天，准备了好多好吃的，先坐轮渡，再坐汽车往南走，到了靠近湖南的大山里。那时候我还年幼不懂事，见到爷爷的第一句话竟然是："爷爷，你又犯错误了吧？"这句话把亲人相逢喜悦的场面清扫得荡然无存。爷爷望着我，默默无语。直到后来在我成长的过程中，爷爷每次向人说起这件事时总是哽咽地说："那么小的孩子，心灵上却有如此创伤……"

——摘自姚雪垠孙女姚卉《在爷爷奶奶身边的日子》

姚公雪垠颂

聂振弢

姚老离开他热爱的祖国、人民，离开我们，转眼已是十年有余了。今逢姚老百年之祀，借此际遇，谨代表家乡学界和200万师生敬撰一颂，以祭姚老天灵。不考声韵，惟从吾心，以寄无限的崇敬，无边的幽思！

颂曰：

南阳形胜，山川通灵。人才辈出，灿若群星。
宛西古邓，周室侯封。乾坤毓秀，乃生姚公。
曾母救溺，令尊赐名。童稚风诵，慧心聪颖。
家道式微，国运滞穷。萧瑟弥望，仰天哀鸿。
百日匪虏，百日从戎。少历祸乱，早谙世情。
年及弱冠，游学开封。琴瑟钟鼓，合卺礼成。
心仪马列，除名学宫。暗夜茫茫，奔赴帝京。
无亲无故，飘絮转蓬。贫病返豫，执教大同。
艰苦奋进，四赴北平。昼读北图，夜蜷窝棚。
京津书刊，渐闻雅声。七七事变，亡离古城。
投身洪流，笔举火烽。半车麦秸，惊世一鸣。
土人土语，汉宛国风。茅公慧眼，识珠定评。
自是卅年，眷顾始终。继出牛虹，丽日月星。
抗战文苑，翘楚琼英。周公称赏，铭心镂膺。
耿耿长夜，惨烈民生。鸿篇前奏，小试刀锋。
教授渝沪，上庠垂名。长日自问，教文何从。

坚辞杏坛，矢志雕龙。大道直行，不悔此生。
少年意气，时露芒锋。招妒群鸡，取笑雀蓬。
或爱或憎，褒贬纷呈。毁誉不动，宠辱不惊。
屈子牢骚，司马任情。嵇康白眼，陶不折躬。
太白高蹈，不羁銮笼。才乎病乎，仁智不同。
四时自行，万物自萌。天何言哉，任人说评。
时光流转，艰步中龄。独立特行，不齿跟风。
新构白杨，体大思宏。"左倾"教条，大棒杀封。
稿焚一炬，目凝炉红。如刀裂肝，如箭穿胸。
白杨飞灰，终身创疼。旋划极右，弥谤止鸣。
心堕枯井，身落荒茔。空寂茕独，大漠踽行。
诛心之惩，甚愈腐宫。天生吾才，岂可销踪。
自聆心音，自持心旌。且构巨制，闯王自成。
窘厄时逼，惨淡经营。唾面自干，喝斥耳风。
饿劳疾伤，饮泣吞声。动心忍性，增益不能。
生前之利，身后之名。抛之九霄，万欲皆空。
物极必反，祸福相生。一时云开，天露微晴。
草心不枯，春来又萌。天降伯乐，晓天先生。
一十五载，共济和衷。江城迎闯，稿发中青。
史家审鉴，颇置佳评。博考文献，言之有征。
水浒三国，堪与量衡。幸会吴晗，日月交明。
举杯劝勉，且为壮行。竟成永诀，长留苦疼。
扼腕西天，来世再逢。李自成出，石破天惊。
万众仰止，倾国倾城。十年浩劫，再罹险凶。
你浊浪滔天，黑云压城。上苍有眼，九死一生。
主席垂顾，皇天圣明。幸甚至哉，盖世奇情。

邓公挥手，乾坤正型。春风化雨，大业终成。
史镜高悬，长卷恢宏。品藻人物，贯日长虹。
山岳驰骋，江河奔腾。文学纪元，兀然一峰。
名播五洲，誉满四封。一访星岛，两造东瀛。
两岸文友，艰难欣逢。血浓于水，骨肉深情。
三毛飞泪，炎黄涕零。神交忘年，一刹永恒。
马赛受勋，独享殊荣。记者采问，应对从容。
中华气派，大家范风。铮铮铁骨，炯炯金瞳。
不阿不伪，磊落光明。爱国爱党，至忠至诚。
对人对事，仁厚宽宏。学无止境，取为斋铭。
生马拉松，死马拉松。浩然正气，瑜亮高风。
皇皇巨著，博大沉雄。八百万言，巨曜当空。
天人之究，古今之通。发愤为作，大家自成。
巍巍姚公，一代文宗。雪垠皑皑，远上苍穹。

跋曰：

奉读两传，九秩文丛。仰慕群贤，感佩盈衷。
俞子汝捷，鼎助姚公。继之文田，海波云峰。
建辉女士，建业先生。姚母结发，恩义崇隆。
孝子不匮，海天姚兄。劳苦功高，吾其鞠躬。

姚雪垠在山海关考察（1990年）

2005年，由时任邓州市政协主席杨德堂负责修复了千年花洲书院，姚雪垠文学馆就建在环境优美的花洲书院内

后 记

　　1983年，父亲姚雪垠和来北京看望他的邓县（今邓州市）教育局局长姚绍唐、丁心德商议，为了对家乡的教育事业贡献自己的绵薄之力，他决定捐资设立"春风作文奖"（后更名为"姚雪垠作文奖"）。截至2017年，作文奖已举办34届，5000余名中小学生获奖，这对激发广大学子的学习热情、推动全市教育事业的发展确实起到了"春风"作用，实现了父亲和教育局领导设奖的初愿。

　　2018年初春，邓州市政协原主席、关工委主任杨德堂在和我一次通话中，他提出计划为作文奖编一套书，一本是介绍姚雪垠先生的小册子，其他两本分别是中学生和小学生获奖作文选。这套书作为奖品，奖给每年获奖的学生。我认为他的这一创意很有意义，表示完全赞同。前一本书他提出由我和曾出版过《文化名人人生智慧丛书·姚雪垠》一书的作者蒋晔合作完成。于是，我和担任中华文化发展基金会执行副秘书长的蒋晔同志联系，他表示完全支持，因他工作忙，一时抽不出时间参与，希望由我执笔完成。家乡和作文奖的事情我应该义不容辞尽力为之，当即答应下来，放下手头正在忙于编的32卷本《姚雪垠全集》，开始投入这项工作。因前后编撰思路的调整，经过两次修改和制版，方完成此书，基本达到以下设想：

一、通过采访、讲述小故事和众人心中的姚老等形式，从不同角度和侧面反映了姚雪垠先生曲折、艰难和成就卓越的一生。一个真实可信、令人敬仰的一代文学大家的形象跃然纸上。

二、本书不仅介绍了姚雪垠先生的人生道路和文学成就，也通过大量事例介绍了他高尚的精神和品德，贯穿全书的爱国、信仰、追求、坚毅、自信、刻苦、奋斗等正能量，对于正在成长中的青少年来说无疑是很有意义的。

三、本书收录姚雪垠先生各个时期、各个方面的图片290余幅，文图并茂，提高了书的趣味性和可读性，更适合中小学生阅读。

四、经过对原书的增补扩展，其篇幅由原来的5万字增加到现在的20余万字，插图则由10余幅增加到290余幅，书的内容较为丰富和厚重。

本书于去年5月出版后，受到各界读者的好评，基本达到了编撰本书的初衷。这次利用再版机会，对原书进行了修订，一是改正了差错，二是对少数篇目做了增删和调整。在此说明。

姚海天

2019年1月22日

附 录

姚雪垠主要著作书目

《差半车麦秸》1938年5月，载《文艺阵地》（香港）。

《战地书简》（报告文学）1938年6月，汉口，上海杂志公司。

《四月交响曲》（报告文学集）1939年10月，桂林，前线出版社。

《红灯笼故事》（短篇小说集）1940年5月，桂林，大地出版公司。

《牛德全与红萝卜》（中篇小说）1942年10月，重庆，文座出版社。

《M站》（报告文学集）1942年6月，桂林，文学编译社。

《戎马恋》（中篇小说）1942年3月，重庆，大东书局。

《重逢》（中篇小说）1943年7月，重庆，东方出版社。

《新苗》（长篇小说，又名《母爱》）1943年6月，上海，商务印书馆。

《春暖花开的时候》（1～3册，长篇小说）1944年4

月，重庆，现代出版社。

《长夜》（长篇小说）1947年5月，上海，怀正文化社。

《记卢镕轩》（传记文学）1947年8月，上海，怀正文化社。

《李自成》（1～5卷，长篇历史小说）1963～1999年，北京，中国青年出版社。

《姚雪垠书系》（22卷）2000年10月，北京，中国青年出版社。

《姚雪垠文集》（20卷）2011年10月，北京，人民文学出版社。

《姚雪垠读书创作卡片全集》（10卷），沈阳，沈阳出版社。

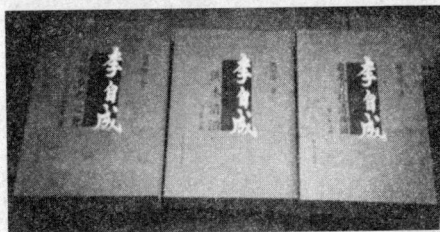

姚雪垠部分作品